WILFRIED SCHÜTZ

Die Heldenreise des Menschen

Standardwerke der Astrologie

Wilfried Schütz

Die Heldenreise des Menschen

Eine astrologische Betrachtung der Auferstehung des Uranus

ISBN 978-3-937077-269-6

Umschlag: Judith Hamann, Tübingen
Foto © shutterstock
Druck: SDL, Berlin

Zu beziehen über:
Chiron Verlag, Postfach 1250, D-72002 Tübingen
www.chironverlag.com

Inhalt

Vorwort ... 7

Die Heldenreise ... 10
- Der Sinn und Zweck der Heldenreise ... 14
- Der Beginn der Heldenreise ... 17
- Wegweiser: Religion oder Religio? ... 18

Der Mensch erschafft die Finsternis ... 23
- Die Spaltung des Selbst und die Entstehung des Egos ... 23
- Die Reise von Hänsel und Gretel ... 29
- Die Finsternis in der Gesellschaft (Projektion) ... 31
- Angst als Folge der Finsternis ... 34
- Die Rolle Saturns vor seinem »Fall« als Luzifer ... 36
- Die Machtergreifung Jupiters ... 39
- Die babylonische Sprachverwirrung ... 45
- Chiron, unser Lehrer auf der Heldenreise ... 48
- Chiron und Prometheus ... 52
- Reiseziel »Ägypten« ... 53
- Theseus und der Minotaurus ... 58
- Theseus und das Bett des Prokrustes ... 62
- Die Reise des Mithras ... 63
- Das göttliche Licht im Menschen ... 67
- Formen des Lichts ... 72
- Die Entmachtung des Lichts ... 79
- Aphrodite: Die Begegnung als Heilmittel ... 82
- Die schöpferische Kraft des Menschen ... 84

Die Reise Jesu ... 87
- Die »Unbefleckte Empfängnis« ... 88
- Die Geburt des Lichts ... 91
- Die Magier aus dem Morgenland ... 96
- Die Reise nach Ägypten ... 98
- Das Leid des Menschensohns in »Ägypten« ... 99

Verrat des Judas Iskariot 100
Das Abendmahl 101
Die Verleugnung durch Simon Petrus 102
Die Verurteilung Jesu 103
Jesus vor Herodes 104
Die Kreuzigung 105

Kernbotschaft 110
Die Heimkehr, der Auszug aus Ägypten 111
Die Auferstehung 113
Das Osterfest 116
Bewusstwerdung und Heimkehr 119

Astrologische Reiseperspektiven 121
Die Dreiheit Geist-Seele-Körper 121
Der Schöpfungsweg im Tierkreis 123
Der Schöpfungsweg in der »Welt der Finsternis« 128

Der Reiseballast in der »Welt der Finsternis« 133
Der Verlust der Gegenwart 133
Die Frage der Schuld 133
Der freie Wille und das Schicksal 135
Der Schmerzkörper 141

Lilith und die kollektive Herabsetzung des Weiblichen 144
Lilith und der Schwarze Mond 149
Die Botschaft des Schwarzen Mondes 150
Die Reise als Seelenwanderung 154
Karma, der verborgene Reisebegleiter 159

Anhang 163
Das Lied vom Prinzen und der Perle 163
Bildnachweis 170
Literatur 171
Über den Autor 174

Vorwort

Das vorliegende Buch beschreibt eine Suche nach den Hintergründen des Seins. Die Astrologie kann bei dieser Suche eine unschätzbare Hilfe sein. Sie bietet uns eine Struktur, an der sich der Geist in die Tiefe der einzelnen Lebensthemen lassen kann, ohne sich in der unendlichen Vielzahl der potenziellen Möglichkeiten zu verlieren. Den Astrologen und Astrologinnen geht es ähnlich wie den Physikerinnen und Physikern. Beide Wissenschaftsbereiche sind, wenn auch mit unterschiedlichen Methoden und Sichtweisen, auf der Suche nach der Formel der Wahrheit. Überwiegen bei den einen mehr die geistigen Zusammenhänge, so sind es bei den anderen eher die materiellen. Wie unterschiedlich dabei in dem jeweiligen Wissenschaftszweig die Antworten ausfallen, zeigt sich in ihren Schriften, Veröffentlichungen und Büchern.

Wie die Zeitqualität sind auch die Antworten einem andauernden Wandel unterworfen. Schauen wir in die Astrologiebücher, die vor einigen Jahrzehnten oder gar Jahrhunderten herausgegeben wurden, und in die der heutigen Zeit, so erkennen wir den steten Wandel der Überzeugungen und des dahinterstehenden Menschenbildes. Die klassische Astrologie fand ihre Ergänzung in der Psychologie und in einem weiteren Schritt, in der Bemühung um die geistige Dimension. In letzteren beiden Entwicklungen stellen sich die Fragen nach der Seele und ihrer Aufgabe im menschlichen Leben und darüber hinaus nach dem Geist. Mit dem Geist ist die Phänomenologie des Bewusstseins eng verbunden. Wie ist es in das astrologische Mandala – den Tierkreis – zu integrieren? Welche Rolle spielt das Unbewusste, was bewirkt die Begrenzung unseres Bewusstseins und wie erreichen wir seine Entgrenzung? Die Frage nach der spirituellen Entwicklung stellen sich immer mehr Menschen. Die Antwort darauf ist in der Astrologie schwierig, da hierzu viele – oft gegensätzliche – Sichtweisen in der astrologischen Lehre vermittelt werden. Die Vierteilung – Quadrantenlehre – steht in Spannung zur Dreiteilung des menschlichen Wesens in Geist, Seele und Körper. Werden diese Teilungen auf den Tierkreis bezogen oder auf das Häusersystem? Die altägyptische Auffassung, dass die Sonne der geistige Wesenskern und damit das Göttliche sei und daneben der Mond die Seele repräsentiere, lässt die Frage nach der Aufgabe der übrigen Himmelskörper entstehen. Sind sie alle körperbezogen? Wohl kaum. Unter ihnen befinden sich Planeten, die als überpersönlich verstanden werden und doch ganz persönlich wirken. Gerade Neptun wird in besonderem Maße mit der spirituellen Suche verbunden.

Das vorliegende Buch versucht auf diese Fragen Antworten zu finden. Es nutzt dabei überlieferte Weisheiten, die uns in der Mythologie und den Märchen dargebracht werden. Da diese Überlieferungen aber der Deutung bedürfen, besteht immer die Gefahr subjektiven Verstehens. Zur Eingrenzung muss das erlangte Verständnis stets an den Prüfsteinen der Realität gemessen und zur Diskussion gestellt werden. Wenn es gut geht, dann können wir uns auf diese Weise mit unserem Verständnis dem tatsächlichen Sein annähern, so wie es die Physik mit immer neuen und abgewandelten Paradigmen (Grundannahmen) ebenfalls versucht.

Bei der Suche nach Antworten in den Überlieferungen fiel auf, dass das Phänomen der Entwicklung immer wieder seine Entsprechung in der Reise fand und findet. So können wir unsere Entwicklung hin zu uns SELBST als eine vielschichtige Reise durch unzählige Existenzen begreifen, auf der die Erfahrungen auf den drei Ebenen des Seins – Geist, Seele und Körper – die entscheidenden Bausteine für unser Wachstum sind. Da die speziellen Erfahrungen, deren wir zu unserer Entfaltung bedürfen, nur unter entsprechenden Zeitqualitäten möglich sind, landen wir letztendlich nicht bei einem geistigen Führer, sondern bei der Astrologie als potenter Geburtshelferin für das Verständnis dessen, was war und was ist.

Neben den vielen mythologischen Reiseschilderungen, die in ihrer Symbolik Gleiches zum Ausdruck bringen, verblüffte mich am meisten, dass auch die christliche Religion auf einer Reiseschilderung aufgebaut ist, der Reise Jesu nach Ägypten und zurück in des Vaters Haus. Wer aber war Jesus? War er ein Ausnahme-Mensch, der seine Reise vollendete, oder ist er Symbol einer Energie, die in allen Menschen – wenn auch unbewusst – lebt und reist er daher mit uns allen durch das symbolische Ägypten? Ist Mithras nicht ein älteres Symbol für die gleiche Energie? Im vorliegenden Buch finden Sie den Versuch einer Antwort.

Ein aufmerksamer Leser wird die niedergeschriebenen Inhalte weitgehend auch ohne astrologische Kenntnisse verstehen können. Die immer wieder eingefügte astrologische Symbolik will aber dabei helfen, sich in die Symbolik der Astrologie und ihre Vielfältigkeit einzufühlen und einzudenken. Was darüber hinaus in allen Überlieferungen auffällt, ist die Hinführung auf zwei geistige Energien von entscheidender Bedeutung, die des Saturn und die des Uranus. Es ist der Kampf dieser zwei Götter, der unseren inneren Kampf um die Bewusstwerdung ausmacht. In ihm entscheidet es sich, wann wir unser Reiseziel erreichen.

Wilfried Schütz im Januar 2020

Die Heldenreise

In der Astrologie empfehlen wir demjenigen, der seinen geistigen Horizont erweitern will, unter anderem eine weite Reise in ihm noch unbekannte Welten zu machen. Symbolisch steckt hinter dieser Empfehlung der Planet Jupiter des Tierkreiszeichens Schütze. Bekannt sind auch die Reisen der Helden in der griechischen Mythologie. Direkt fallen uns da Odysseus oder Herakles ein. Aber auch in der Neuzeit gab und gibt es große Reisende. Denken wir an Kolumbus (1451–1506) als einen der Entdecker Amerikas, an den portugiesischen Seefahrer Ferdinand Magellan (1485–1521), an den Naturforscher Alexander von Humboldt (1769–1859) oder den Polarforscher Roald Amundsen (1872–1928).

Überraschend jedoch war für mich die Erkenntnis, dass der römische Gott Mithras oder Jesus ebenfalls Reisende waren. Auch Siddhartha Gautama machte sich auf die Suche nach Erlösung und gelangte auf dieser Reise zur Buddhaschaft. Vielleicht hat ja auch der heutige Reiseboom, der uns zeigt, welch starkes Interesse wir Menschen am Reisen haben, einen tiefgründigeren Hintergrund. Hinter dem reinen Vergnügungsaspekt versteckt sich möglicherweise der Versuch, durch Reisen ein Fernweh zu kompensieren, das aus dem schmerzlichen Verlust unserer Urheimat resultieren mag. Die Reise hat unter Umständen also eine viel größere Bedeutung, als wir gemeinhin annehmen.

Wir gewinnen eine andere Perspektive auf unser Leben, wenn wir die Reise als zentrales Anliegen jedes irdischen Menschen betrachten, das sich sogar in Etappen über viele Inkarnationen erstreckt. Jedes unserer Leben ist danach Teil einer großen Reise. Nicht umsonst berichten uns so viele Schriften der Religionen und Märchen gleichnishaft von dieser Reise. So die Parabel vom VERLORENEN SOHN im Neuen Testament:

Ein Mensch hatte zwei Söhne; und der jüngere von ihnen sprach zu dem Vater: Vater, gib mir den Teil des Vermögens, der mir zufällt! Und er teilte ihnen die Habe. Und nach nicht vielen Tagen brachte der jüngere Sohn alles zusammen und reiste weg in *ein fernes Land*, und dort vergeudete er sein Vermögen, indem er verschwenderisch lebte. Als er aber alles verzehrt hatte, kam eine gewaltige Hungersnot über jenes Land, und er selbst fing an, Mangel zu leiden. Und er ging hin und hängte sich an einen der Bürger jenes Landes, der schickte ihn auf seine Äcker, Schweine zu hüten. Und er begehrte seinen Bauch zu füllen mit den Schoten, die die Schweine fraßen; und niemand gab sie ihm. Als er aber zu sich kam, sprach er: Wie viele Tagelöhner meines Vaters haben Überfluss an Brot, ich aber komme hier um vor Hunger. Ich will mich aufmachen und zu meinem Vater gehen und will zu ihm sagen: Vater, ich habe gesündigt gegen den Himmel und vor dir; ich bin nicht mehr würdig, dein Sohn zu heißen! Mach mich wie einen deiner Tagelöhner! Und er machte sich auf und ging zu seinem Vater. Als er aber noch fern war, sah ihn sein Vater und wurde innerlich bewegt und lief hin und fiel ihm um seinen Hals und küsste ihn. Der Sohn aber sprach zu ihm: Vater, ich habe gesündigt gegen den Himmel und vor dir; ich bin nicht mehr würdig, dein Sohn zu heißen. Der Vater aber sprach zu seinen Sklaven: Bringt schnell das beste Gewand heraus und zieht es ihm an und tut einen Ring an seine Hand und Sandalen an seine Füße; und bringt das gemästete Kalb her und schlachtet es, und lasst uns essen und fröhlich sein! Denn dieser mein Sohn war tot und ist wieder lebendig geworden, war verloren und ist gefunden worden. Und sie fingen an, fröhlich zu sein (Luk. 15,11).

Sehr viel ausführlicher und differenzierter wird die Reise im LIED VOM PRINZEN UND DER PERLE in den Thomas-Akten (Apokryphe Bibel) geschildert. Da sie den Weg von uns allen gleichnishaft schildert, rührt sie uns in der Tiefe unserer Seele an. Nachstehend folgt ein vom Verfasser stark gekürzter Auszug der Reise des Prinzen. Die Schilderung ist in der Ich-Form persönlich gehalten:

Als ein sprachloses Kind ich war, schickten mich meine Eltern, nachdem ich mein Strahlenkleid und den safranfarbenen Mantel abgelegt hatte, mit Schätzen versorgt, fort. Sie schlossen eine Übereinkunft mit mir und schrieben sie mir auf mein Herz, auf dass ich sie nie vergesse:

»Wenn du nach Ägypten hinabgehst und von dort die Perle zurückbringst, die im Meer liegt, das von der schlingenden Schlange bewacht wird, darfst du dein Strahlenkleid samt deinem Mantel wieder anziehen und unser Reich ererben.

So stieg ich hinab nach Babel in das Labyrinth und kam nach Ägypten. Um nicht erkannt zu werden, kleidete ich mich wie sie. Sie aber mischten mir Zaubermittel in meine Speise und ich sank in bleiernen Schlaf. Ich vergaß meine Herkunft und meinen Auftrag und wurde ihres Königs Knecht.

Dies bemerkten meine Eltern mit Sorge. Sie schickten mir einen Brief wider die bösen Söhne Babylons, die Abergeister des Labyrinths. Ich erinnerte mich wieder meiner Herkunft und meines Auftrags, verzauberte die Schlange und holte die Perle.

Das Licht des Briefes führte mich aus dem Labyrinth. Die Eltern schickten mir meine Kleidung entgegen und ich legte das Strahlenkleid und den Mantel wieder an. Der Vater empfing mich voller Freude und ich war bei den Großen wieder mit ihm in seinem Hause.

Die Parallelen zwischen den zwei Reiseschilderungen sind offenkundig. Im Perlenlied bekommen die »fernen Lande« darüber hinaus einen Namen: *Ägypten*. Es wird mit einem *Labyrinth* gleichgesetzt, in dem sich der Sohn, das Kind, verirrt. Es wird uns aber auch ein Reisezweck mitgeteilt: Die *Perle* zu holen, die von einer *Schlange* bewacht wird. Die Schlange (Saturn) wird uns noch öfters begegnen. Sie erinnert uns an den Sündenfall, der in uns ein begrenztes Bewusstsein zur Folge hatte und hat – oder an den Kampf des griechischen Helden Herakles mit der Schlange (Hydra). Trotz allen Leids endet in beiden Schilderungen die Reise glücklich. Voller Freude und ohne jeglichen Vorwurf (Schuld) wird der Sohn bzw. das Kind, das sich zum »Großen« entwickelt hat, nach seiner Rückkehr in der ursprünglichen Heimat wieder aufgenommen.

Um möglichen Vorwürfen der Frauen gegenüber der scheinbar patriarchalen Schilderung vorzubeugen, die nur vom »Sohn« und dem »Vater« erzählt, sei an dieser Stelle daran erinnert, dass es an sich nur den *Menschen* gibt, der je nach Entwicklungs- und

Bewusstwerdungsanliegen mal in einem weiblichen und mal in einem männlichen Körper inkarniert. Grundsätzlich verfügt jedoch jeder Mensch – wie in allen Horoskopen deutlich sichtbar – über eine *weibliche* und eine *männliche* Seite bzw. Anlage und die mit ihr verbundenen Fähigkeiten. Dies verkennt nicht, dass der Mensch, der in diesem Leben in einem männlichen Körper inkarniert ist, keine »körperlichen Nachkommen« gebären kann. Der Sohn steht allgemein für den jungen Menschen, das Kind, das sich auf die Reise begibt, und der Vater steht für den *Logos*, die Quelle der Schöpfung unseres Seins. Auf einer höheren Verständnisebene ist der Sohn, der in uns hinein geborene göttliche *Aktivitätsimpuls* (Inspiration, Uranus, männlich), unser »inneres Licht«, das ausstrahlt (daher männlich). Was aber wäre der Mensch ohne seine weibliche Seite? Er könnte das Licht niemals wahrnehmen.

Aus der griechischen Mythologie kennen wir viele Reisende. Auch hier sind die Reisenden allesamt Männer: unter anderem Odysseus, Herakles (Hercules), Theseus oder die Männer der kollektiven Heldenreise der Argonauten unter der Führung Iasons. Das mag unter anderem daran liegen, dass der Impuls, die große, weite Welt kennenzulernen, vom geistigen Feuer des Jupiters (männlich) ausgeht. Die Menschen, die sich auf die Reise machen, werden dort als Helden geschildert. Da die Mythen in der Regel Entsprechungen für unser aller Leben schildern, gleichen wir ihnen.

So sind auch wir Helden auf unserer Reise. Als junge Seelen verabschieden wir uns von zu Hause und als gereifte und alte Seelen sehnen wir uns zurück nach Hause. Auf dieser Reise durchleben wir unsere spirituelle (geistige) Entwicklung bzw. unsere Bewusstseinsentwicklung vom »bleiernen Schlaf« des Prinzen hin zum strahlenden, von Begrenzungen befreiten Bewusstsein. Auch in den Märchen finden wir viele Reiseschilderungen. Beispielhaft seien hier die Märchen HANS IM GLÜCK und HÄNSEL UND GRETEL der Gebrüder Grimm genannt. In Letzterem wandern das Männliche und das Weibliche Hand in Hand durch den dunklen Wald des Lebens, der in Analogie zum Labyrinth steht.

Der Sinn und Zweck der Heldenreise

Die inhaltlichen Strukturen der überlieferten Rahmenerzählungen gleichen einander und wollen uns etwas vermitteln, das uns ein Gleichnis auch für unsere Seelenwanderung (Abfolge unserer Inkarnationen) ist. Das Ursprüngliche – unsere geistige Essenz – hat seine Heimat verlassen, um einen Auftrag zu erfüllen. Es will durch die Reise einen in ihm selbst liegenden geistigen Schatz (Perle, göttliches Licht, Geistfunken, Uranus) und die mit ihm verbundene Freiheit und Unendlichkeit der Liebe (Agape: Neptun) entdecken. Sind sie gefunden, kann unsere Essenz in ihre Heimat zurückkehren. Dort wird sie wieder voller Freude aufgenommen.

Die Reise erzählt uns die Geschichte unserer Bewusstwerdung. Im Reich des ewigen Lichtes und der allumfassenden Liebe (Paradies, Urheimat) wird von uns Menschen nicht erkannt, dass wir dieses Göttliche Licht in uns tragen, ja, dass wir selbst das Licht sind. Erst durch die Abwesenheit der Liebe und der damit einhergehenden Dunkelheit werden wir uns der Existenz der Liebe und des Lichts – in der schmerzlichen Sehnsucht nach ihr – bewusst. Also müssen wir eine Reise in die Lieblosigkeit und Dunkelheit – im Perlen-Lied ist es der *bleierne (Saturn)-Schlaf* und der *Dienst unter einem fremden König* – antreten, um uns auf der »Suche nach der Perle« der Energien unseres wahren SELBST – des Lichts – bewusst zu werden. Vom Philosophen und Mystiker Jakob Böhme (1575–1624) stammt die Aussage zur Finsternis:

> Die Finsternis ist die größte Feindschaft des Lichtes und ist doch die Ursache, dass das Licht offenbar werde.

Diese Welt des Vergessens, der Finsternis, Lieblosigkeit und damit auch der Gefangenheit in der Materie bezeichnen viele mythologische Erzählungen als das Land »*Ägypten*«. Bewusst geworden bzw. aufgewacht, können wir Ägypten wieder verlassen und in die ursprüngliche Heimat zurückkehren.

Sehr anschaulich schildert uns den Sinn unserer Reise der amerikanische Schriftsteller Neal Donald Walsh:

Es war einmal eine Seele, die sich als das L i c h t erkannte. Es war eine sehr neue Seele und deshalb auf Erfahrung erpicht. »Ich bin das Licht«, sagte sie. »Ich bin das Licht. Doch all dieses Wissen und Aussprechen konnte die Erfahrung davon nicht ersetzen. Und in dem Reich, aus dem die Seele auftauchte, gab es nichts außer dem Licht. Jede Seele war großartig, jede Seele war herrlich, und jede Seele erstrahlte im Glanz von Gottes ehrfurchtgebietendem Licht. Und so war diese kleine Seele eine Kerzenflamme in der Sonne [= die Summe aller Kerzenflammen, Anm. d. Verf.]. Inmitten des grandiosesten Lichts – von dem sie ein Teil war – konnte sie sich selbst nicht sehen und auch nicht erfahren, wer-und-was-sie-wirklich-ist.

Nun geschah es, dass diese Seele sich danach sehnte und verzehrte, sich selbst kennenzulernen. Und so groß war ihr Verlangen, dass Gott eines Tages zu ihr sagte: »Weißt du, Kleines, was du tun musst, um dein Verlangen zu befriedigen?« »Oh, was denn, Gott? Was? Ich werde alles tun!«, sagte die kleine Seele.

»Du musst dich vom Rest von uns trennen«, gab Gott ihr zur Antwort, »und dann musst du für dich die Finsternis herbeirufen.« »Was ist die Finsternis, oh Heiligkeit?«, fragte die kleine Seele. »Das, was du nicht bist«, erwiderte Gott, und die Seele verstand.

Und so entfernte sie sich von Allem und machte sich auf in ein anderes Reich. Und in diesem Reich hatte die Seele die Macht, sämtliche möglichen Formen von Finsternis in ihre Erfahrung zu rufen. Und das tat sie auch.

Doch inmitten all der Finsternis rief sie aus: »Vater, Vater, warum hast du mich verlassen?« So wie ihr das auch in euren dunkelsten Zeiten getan habt. Doch Gott hat euch nie verlassen. Er ist euch immer zur Seite gestanden, bereit, euch daran zu erinnern, wer-ihr-wirklich-seid; bereit, immer bereit, euch nach Hause zu rufen. [1]

Viele Religionen – wie wir noch sehen werden – haben die »Reise des Menschen« als Kernbotschaft. Doch wurde sie mehr oder weniger von den Gesetzen, Dogmen, Ritualen und Glaubenssätzen

---

[1] Neal Donald Walsh: Gespräche mit Gott, Bd. 1, München, 1998.

der religiösen Institutionen und deren Priestern verdeckt. Aus der Reise durch die Welt der Erfahrungen wurde Unterwerfung. Von der »Reise« blieb eine Form des Lebenswandels übrig, in dem es darauf ankam und ankommt, sich der Obrigkeit und besonders der religiösen Führung (Jupiter-Saturn) und deren Gesetzen (Saturn) zu unterwerfen. Diese Gesetzestreue ließ unsere Lebendigkeit zunehmend erstarren. Zum GUT-Sein gezwungen, erschaffen wir dabei, wie später noch ausgeführt wird, unbewusst viel BÖSES. Bosheit pflastert daraufhin unseren Weg und Dunkelheit umhüllt uns auf ihm.

Ganz deutlich fordert der Islam seine Gläubigen zur Reise auf. Jeder sollte einmal im Leben zum Allerheiligsten reisen. Hier stellt sich unmittelbar die Frage: Wo finde ich es? Für die meisten gläubigen Muslime gilt die ehrwürdige Stadt Mekka als das Reiseziel. Dort ist das Ziel der Verehrung die Kaaba, ein würfelförmiges Gebäude, in dem sich der schwarze Stein befindet, den nach der Überlieferung der Prophet Abraham vom Engel Gabriel erhalten hat. Für die Wallfahrer ist es eine Reise in die äußere Welt (Schütze-Jupiter). Für die Christen bietet sich der Jakobsweg zum »Sternenfeld« des heiligen Jakobus des Älteren – einer der zwölf Apostel Jesu – nach Santiago de Compostella als Alternative an.

Denkbar ist aber auch eine Reise zum Allerheiligsten (Wassermann-Uranus) im *Inneren Himmel* des Menschen (Fische-Neptun). Erinnern wir uns daran, dass in der klassischen Astrologie der Reiseplanet Jupiter Herrscher der Zeichen Schütze und Fische war und noch immer als solcher gesehen wird. Dabei handelt es sich natürlich um zwei grundsätzlich verschiedene Wirkungsbereiche des Planeten. Als Planet des *Feuerelements* (männlich) ist sein Wirken und damit auch sein Reisen in die Außenwelt gerichtet, als Vertreter des *Wasserelements* (weiblich) jedoch richtet sich sein Wirken und Reisen auf das »Innere« des Menschen. Seit der Entdeckung Neptuns hat dieser diesen Part übernommen. Die Reise in unseren inneren Bewusstseinsraum erscheint für uns ungleich schwieriger, da uns kein Reiseunternehmen der Welt helfen kann, den (Bewusstwerdungs-) Weg zur Mitte unseres SELBST zu gehen. Wir müssen ihn über viele

Inkarnationen hinweg alleine gehen. Das Einzige, was dabei garantiert ist: Wir werden ankommen.

Der Beginn der Heldenreise

In der Astrologie beginnt und endet die Reise mit dem Tierkreiszeichen Fische, wie es uns dessen Symbol zeigt. Es setzt sich aus zwei Fischen zusammen, die mit einem Querband verbunden sind. Einer der beiden schwimmt nach unten und der andere nach oben. Der eine symbolisiert den Abstieg (Involution) in unsere irdische Welt (Ägypten) und den Beginn eines uns noch unbekannten Weges – das *Alpha* – und der andere das Ende der Reise – das *Omega* – und die Rückkehr (Evolution[2]) in die ursprüngliche göttliche Heimat (Paradies). Diese Rückkehr entspricht dem Auszug aus Ägypten in das gelobte Land, das »Himmlische Jerusalem«. Analog dazu steht die Auffassung, alles Leben komme aus dem *Meer* (Neptun) und alles Leben kehre ins Meer zurück.

Was aber reist da? Es ist der Geist von uns Menschen. Er ist das Kind des LOGOS, der göttlichen Schöpferkraft. Diese unsere Essenz ist ein selbstständiger Teil seines grenzenlosen Lichts (Ain Soph). Mit dem Licht im Gepäck verabschieden wir uns aus unserer Heimat und treten die Reise in die Welt der Verkörperung (Stier) an. Dabei verdunkelt sich unser Licht. Der Körper ist unsere Kutsche, mit der wir uns fortbewegen (männlich) und mit der wir in der Welt, die wir bereisen, unsere Erfahrungen (weiblich) machen können. Die Welt, in die wir reisen, erscheint uns wie ein Labyrinth oder ein dunkler Märchenwald. Beide sind sie Gleichnisse für ein Umfeld, in dem wir uns verirren können und wo die Gefahr besteht, niemals mehr den Rückweg zu finden. Die Bereitschaft, die damit verbundene Angst durchzustehen, macht uns zu Helden.

---

[2] Die Evolution darf nicht im Sinne Darwins verstanden werden, sondern als Gegenbewegung zur Involution. Die Involution beschreibt den Abstieg des Geistes hin zur materiellen Erscheinung und Evolution transzendiert die Materie hin zum Geist.

Wegweiser: Religion oder Religio?

Auf der Reise durch die uns unbekannten Länder suchen wir Menschen nach Wegweisern und nach Orientierung. Eine der häufig in schicksalhaften Reisemomenten gestellten Fragen lautet: Woher komme ich eigentlich, wohin gehe ich und warum bin ich überhaupt hier? Sie sind Ausdruck davon, dass wir unterwegs offenbar den Zweck und das Ziel unserer Reise aus den Augen verloren haben. Ebenso, wie der Prinz in Ägypten seine Herkunft und seinen Auftrag, die Perle von der sie bewachenden Schlange zu holen, vergessen hatte. Wir haben Angst, uns unrettbar zu verirren. Je nach Lebensphilosophie oder Religionszugehörigkeit suggerieren wir uns daher, den Weg und das Ziel dennoch zu kennen. Dies gleicht aber eher »dem Pfeifen im Walde«. In Wirklichkeit sind sie uns unbekannt, weil wir sie – wie der Prinz – vergessen haben. Wir müssen enttäuscht erkennen, dass uns ein echter »Kompass« fehlt.

Um die Angst vor dem Labyrinth des Lebens dennoch zu dämpfen, glauben wir, in unserem Verstand (Jupiter) einen Kompass zu besitzen. Wir vertrauen der Illusion, dass er uns letztendlich zum Ziel führen kann. Mit seiner Hilfe versuchen wir uns die Welt, die wir vorfinden, und die schicksalhaften Erfahrungen, die wir in ihr erleiden, zu erklären. Dabei ist es leicht vorstellbar, dass jeder einzelne Mensch, jede menschliche Gruppe und jedes Kollektiv ganz unterschiedliche Erfahrungen macht, aus denen sich entsprechende unterschiedliche Bilder und Anschauungen herausbilden. Eine geistige Elite der jeweiligen Gruppe dogmatisiert im Laufe der Zeit die gefundene und oftmals erfundene, ihren Interessen dienende Anschauung. Sie wird zur Weltanschauung. Hieraus entwickelt sich oft eine *Religion* (Schütze, Jupiter) mit ihren spezifischen Dogmen (Saturn), an die das Kollektiv (Saturn) zu glauben hat. Der jeweiligen Elite schenkt sie Macht (Pluto).

Für das, was die Religion nicht erklären kann, z. B. das Schicksal, setzt sie transzendente Kräfte, Göttinnen, Götter bzw. Gott ein, obwohl kaum einer ihrer Priester eine wirkliche Verbindung zu diesen Kräften hat. Mystiker waren zu allen Zeiten selten, lebten und leben oft im Verborgenen (12. Haus) und standen und stehen immer in Gefahr, der Häresie (Ketzerei) beschuldigt zu werden. Darauf stand oft die Todesstrafe. Auch gegen den thüringischen Mystiker Meister Eckhart (1260–1328) wurde am Ende seines Lebens ein Inquisitionsprozess eingeleitet, vor dessen Abschluss er jedoch starb.

Die sich herausbildende Schicht der Priester verließ und verlässt sich auch heute auf Überlieferungen (»Heilige Schriften«), die sie meist buchstabengetreu und sophistisch auslegt. Es ist dies die Kaste der »Schriftgelehrten« (Merkur-Jupiter-Saturn), welche Jesus das Leben so schwer gemacht hat. Der Weg zu den Göttern bzw. zu Gott, so behaupten sie, führe allein über sie. Sie sehen sich als »Brückenbauer zu Gott« (Pontifex, Jupiter-Kompensation). Diese Position gab und gibt ihnen Bedeutung und Autorität (Saturn) in der jeweiligen Gesellschaft.

Bei der Betrachtung der religiösen Schriften (Jupiter) anderer Gesellschaftsgruppen oder Völker kamen und kommen diese Schriftgelehrten immer wieder zu dem *Urteil* (Saturn), dass ihre Anschauung – bei aller vorgeblichen Toleranz – doch die einzig *richtige* sei und daher sie alleine die einzig »Rechtgläubigen« (Jupiter-Saturn) seien. Zu welchem anderen Urteil sollten sie auch kommen, ohne ihr Fundament der Macht und des Einflusses zu gefährden?

Mit Grausen erinnern wir uns an das Wüten der sich selbst so bezeichnenden »heiligen Inquisition«, durch das man den Zusammenbruch der jeweiligen religiösen Überzeugungen und damit den Verlust der Macht zu verhindern suchte und verhindert hat. Die Machtgier tarnten ihre Vertreter vor sich und der Welt mit der Sorge um das Seelenheil der Gläubigen.

Ähnliche Kämpfe – aus der Perspektive der Gegenwart sind sie nur etwas schwieriger zu erkennen – gibt es ebenso in der heutigen Zeit. Sie entfalten sich um die Deutungshoheit in den Natur- und Geisteswissenschaften. Diese Wissenschaften haben sich zur modernen Religion entwickelt und die Hochschulprofessoren bilden die heutige Priesterkaste. Immer wieder behaupten sie, die Wahrheit zu kennen oder mit ihren Forschungen kurz vor dem Durchbruch zur endgültigen Wahrheit zu stehen. Dabei lauert der

Zusammenbruch ihrer Theorien schon hinter der nächsten Ecke, der einen Wechsel der Grundannahmen (Paradigmen) ihres Gedankengebäudes fordert. Aber, wehe den »Armen«, welche die Begrenztheit ihrer Lehren aufdecken. Erinnern wir uns an den italienischen Universalgelehrten Galileo Galilei (1564–1641). Ihm wurde der Prozess gemacht, als er es wagte, das heliozentrische Weltbild des Nicolaus Kopernikus (1473–1543), in dem die Sonne im Zentrum unseres Planetensystems steht, gegen das von der Kirche favorisierte geozentrische Weltbild mit der Erde als Mittelpunkt zu vertreten. 1633 verurteilt, dauerte es fast 360 Jahre, bis er 1992 von der katholischen Kirche rehabilitiert wurde.

Die von ihrem »Kopf« (Verstand: Feuer, Jupiter) gesteuerten Schriftgelehrten kennen in ihrer Arroganz keinerlei Gefühl (Wasser) dafür, welches Leid (Wasser, Neptun) sie ihren Opfern bereiten. Diese Spannung zwischen geistigem Täter und dessen Opfer zeigt sich auch im Quadrat zwischen den Tierkreiszeichen Schütze (Priester, Wissen) und Fische (Sucher, Mystiker, Weisheit).

Ganz anders verhält es sich mit der *Religio*. Der Begriff stammt aus der lateinischen Sprache und kann auf das Wort *religare* zurückgeführt werden. Übersetzt heißt es »zurückverbinden«. In der Religio besitzt der einzelne Mensch einen tatsächlichen Kompass. Sie ist die empfängliche Kraft der Intuition (Fische-Neptun), die den Menschen stets mit seiner ursprünglichen Herkunft verbindet. Nur ist die Religio (Neptun) hinter dem »Lärm« unseres rechthaberischen Verstandes und Denkens (Jupiter-Saturn) kaum mehr zu vernehmen. Zudem besteht die Gefahr – sollten wir sie vernehmen und uns tatsächlich an ihr orientieren – dass wir uns der Verfolgung durch die Priester der herrschenden Religionen aussetzen. Letztendlich ist es aber diese Religio, die für ein glückliches Ende unserer Reise sorgt. Sie führt uns Menschen nach unserer Odyssee wieder zurück in unsere ursprüngliche Heimat.

Religio ist ein geistig informelles »Energie-Band«, das – meist *unbewusst* – in jedem Lebewesen vorhanden ist, welches es untrennbar mit seiner Ur-Heimat (Paradies) verbindet. Egal, was passiert, der Mensch kann nicht verloren gehen. Siehe hierzu den Ausschnitt aus

Abbildung 1: Ausschnitt Tierkreiszeichen Fische, stilisiertes Symbol Fische mit Alpha (Involution) und Omega (Evolution)

dem Bild der Fische (Abb. 1) von Johfra Bosschart (1919–1998). Ein Band erstreckt sich vom Maul zum Maul der beiden Fische. Stilisiert wiederholt es sich als Quer-Band (Religio) im Symbol der Fische.

In unserem Bewusstsein meldet sich die Rückbindung immer wieder als Gefühl der Sehnsucht von kosmischer Dimension, einer Sehnsucht nach endgültiger Erlösung (Neptun) von allen irdischen Bindungen. Beispielsweise blicken wir nachts in den Sternenhimmel und uns befällt das Heimweh nach einer weit größeren Dimension des Seins, als wir sie auf der Erde erleben. Für diese Heimat schaffen wir Begriffe wie beispielsweise *Paradies*, *Garten Eden*, *Himmel*, *himmlisches Jerusalem*, das *gelobte Land* oder, aus einer scheinbar anderen Sicht, das *Nirwana*. Aus der materiellen Perspektive werden diese »Orte« jedoch meist missverstanden. Verspricht doch der materielle Reichtum die Verwirklichung eines Pseudo-Paradieses hier auf der Erde beziehungsweise in »Ägypten«. Jedoch, das »Paradies« einiger weniger wird zum Knochenjob und zur Hölle für viele.

Wie wir an späterer Stelle sehen werden, verfügte auch der Held Theseus bei seinem Abstieg in das Labyrinth der materiellen Welt des Stieres über ein solches Band. Es war der *Faden der Ariadne*, der ihn mit dem Ort seiner Herkunft verband und ihm die Rückkehr aus dem Labyrinth ermöglichte. Sein Neptun begegnete ihm in der Gestalt der Ariadne. Sie gab ihm den Faden.

Die Rückbindung, obwohl meist unbewusst, steuert dennoch unser Leben. Immer wieder werden wir in unserem eingeschlagenen Weg, wenn er nicht mit der Zielsetzung unseres SELBST übereinstimmt, durch *schicksalhafte* Ereignisse korrigiert, ob durch eigenartige und unliebsame Begegnungen, Trennungen, Verluste, Krankheiten, Unfälle oder andere scheinbare Missgeschicke und Leiden. Neptun zeigt sich uns dabei als eine der Schicksalsgöttinnen. Im LIED VON DEM PRINZEN UND DER PERLE war es der Brief der Eltern, der den Prinzen zur ursprünglichen Aufgabe zurückführte und aus dem Labyrinth geleitete.

Der Mensch erschafft die Finsternis

Die Spaltung des Selbst und die Entstehung des Egos

Im Perlen-Lied wird geschildert, dass das Bewusstsein des Prinzen in einen *bleiernen* (Saturn) Schlaf versinkt. Diesen Schlaf bzw. die Begrenzung seines Bewusstseins erzeugt im Prinzen und in uns Menschen und Helden die Energie des *gefallenen Saturn*. Blei ist dessen Metall. Er verführt ihn und uns dazu, die Welt zu beurteilen und damit die göttliche Schöpfung – das Licht – in GUT und BÖSE oder RICHTIG und FALSCH zu spalten. Seitdem hängen wir der Illusion an, wir wüssten, was gut und richtig sei. In Wirklichkeit wissen wir es aber nicht, denn das Gute stellt sich allzu oft als schlecht für uns heraus und das Böse dagegen als gut. Der griechische Arzt, Philosoph und Skeptiker Sextus Empiricus (2. Jh.) sah es so:

> Von Natur gibt es weder Gutes noch Böses. Diesen Unterschied hat die menschliche Meinung gemacht.

Unser Urteils-Maßstab ist in vielen Fällen der *Vergleich*. Jedoch ist »das Vergleichen das Ende des Glücks und der Beginn der Unzufriedenheit«. So drückte es der dänische Philosoph Søren Kierkegaard (1813–1855) aus. Darüber hinaus erleben wir immer wieder die Relativität unserer Maßstäbe. Im Übrigen ist die Verlockung des materiellen Reichtums der Stier-Welt in fast allen Fällen in der Lage, die Grenzen unserer Maßstäbe zu verschieben, aufzuweichen oder sie ganz hinter uns zu lassen. Dem Maßstab ERFOLG (Saturn) in der materiellen Welt wird letztendlich alles untergeordnet. Am Ende der Entwicklung steht oft der Psychopath mit einer schweren Form der antisozialen Persönlichkeitsstörung. Der Psychopath ist – wen wundert es? – in allen Führungsschichten der Gesellschaft und Wirtschaft weit überrepräsentiert.

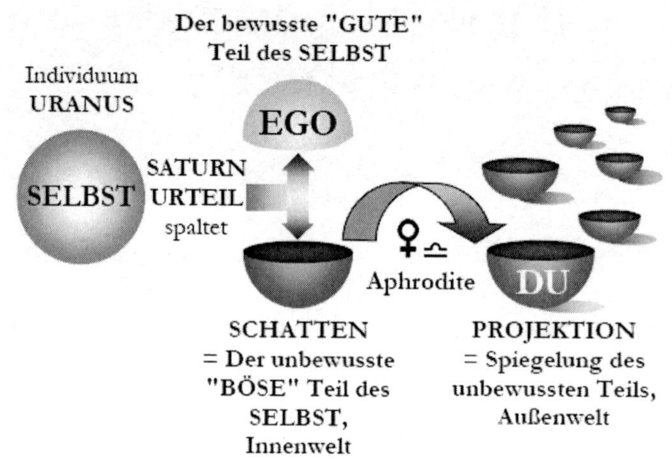

Abbildung 2: Die Spaltung des »Kugelmenschen« (Selbst) und die Projektion des Unbewussten

Oft ist er der »Sieger«, der aber zu Hause im Verborgenen häufig an Angststörungen (Neptun-Hemmung) leidet.

Im biblischen *Sündenfall* hat Saturn die Gestalt einer Schlange angenommen, die uns verführt, vom *Baum der Erkenntnis des Guten und Bösen* zu essen (1. Mos. 1,3). In der Folge muss der Mensch sterben. Die Schlange begegnet uns ebenfalls im sumerischen Gilgamesch-Epos (12. Jh. bzw. 3. Jh. v. Chr.). Dort stiehlt die Schlange dem damaligen Helden Gilgamesch die »Pflanze der ewigen Jugend« und auch er wird daraufhin sterblich. Im Perlen-Lied bewacht sie die Perle und hält sie vom Prinzen fern. Auch bei den Mithras-Darstellungen liegt sie, wie wir später sehen werden, dem Ganzen zu grunde. So wundert es nicht, wenn sie ebenfalls in der Symbolik des Tarots, in der Karte X, dem Rad des Schicksals, auftaucht (siehe Abb. 11).

Die Schlange ist ein Reptil. Daher hat es seine *symbolische* Richtigkeit, wenn der britische Autor David Icke schildert, dass unser Bewusstsein von einer »außerirdischen« Rasse, den Reptiloiden, manipuliert wurde und noch wird. Den ältesten Teil unseres Gehirns –

das die essenziellen Lebensfunktionen steuernde Stammhirn – nennen wir *Reptiliengehirn*. Welch ein Zufall.

Die Unterscheidung zwischen GUT und BÖSE hat immer die Spaltung der ganzheitlichen Schöpfung in zwei gegensätzliche Teile zur Folge! Der von der Schlange verführte Held wendet nun das Urteil natürlich auch auf sich (sein) selbst an, wähnt sich dabei wie selbstverständlich auf der Seite des Guten und erzeugt automatisch eine zweite Hälfte. Es ist die von ihm verurteilte und vermeintlich »böse« Seite seines Selbst. Um sich nicht mit ihr zu belasten, verdrängt er sie in das Unbewusste. Die gute Hälfte begreift sich ab diesem Moment als sein ICH (= Ego). Die andere unbewusste Hälfte wird zu seinem *Schatten*[3] (siehe Abb. 2). Von da an regiert das Ego unser Leben und unser göttliches Selbst rückt durch die Spaltung – scheinbar entmachtet – in den Hintergrund.

Nach dem Hermetischen Gesetz – wie innen, so außen – gestaltet sich nun die Außenwelt des Helden entsprechend seines unbewussten Inneren. Sein unbewusster und vermeintlich »böser« Teil manifestiert sich in seiner Außenwelt. Er wird zu seiner Begegnung. Hierfür sorgt Aphrodite (Waage-Venus), die Göttin des Ausgleichs und der Ergänzung. Seine Umwelt wird daraufhin zusehends böse und »Dunkelheit« breitet sich um ihn herum aus. Durch den »Bewusstseins-Fall« und das mit ihm verbundene Urteilen hat unser »Licht« die Finsternis herbeigerufen[4].

Vom Selbst des Helden bleibt durch die urteilende Spaltung nur noch das Ego bewusst, also das, was er an sich als gut beurteilt. Oder, wie es der griechische Philosoph Platon (427–348 v. Chr.) in seinem Buch SYMPOSION[5] schildert, aus der ursprünglichen Ganzheit – er verwendet hierzu das Bild der Kugel bzw. des Kugelmenschen – wird auf Veranlassung des Zeus (Jupiter) eine Halbkugel. Aus der

---

[3] Der »Schatten« ist ein Begriff aus der Psychologie Carl Gustav Jungs. Er bezeichnet damit die Gesamtheit der Dispositionen, die mit der bewussten Lebensform nicht vereinbar sind und deshalb nicht in das ICH integriert werden.

[4] Siehe auch: Die Parabel von der kleinen Seele und der Sonne

[5] Platon, Symposion, 189f.

astrologischen Perspektive agiert Zeus dabei als wertender Verstand (Jupiter-Saturn) im Dienst des jeweiligen Egos. Dieser Halbkugelmensch sehnt sich nun nach seiner fehlenden Hälfte. Er sucht sie fortan in seiner Außenwelt, in der Begegnung mit dem DU, in die er sich verliebt (Eros) oder in der er seinen Feind zu erkennen glaubt (siehe Abb. 2).

Der Kugel als Symbol der Ganzheit begegnen wir auch in dem Märchen DER FROSCHKÖNIG ODER DER EISERNE HEINRICH der Gebrüder Grimm. Die anfangs wunderschöne und vollkommene Prinzessin verliert beim Spiel im dunklen Wald ihre goldene Kugel. Das bedeutet, sie verliert im Labyrinth des Lebens – für dieses steht der dunkle Wald in den Märchen – ihre Ganzheit. Der verlorene Teil kommt daraufhin über die Begegnung wieder auf sie zu. Verurteilt und abgelehnt, erscheint er ihr aber in einer hässlichen Gestalt. Das Märchen wählte hierfür das Bild des Frosches.

Nicht mehr erleuchtet vom Licht der göttlichen Inspiration (Uranus), verliert der Held seine Ausstrahlung. Im LIED VOM PRINZEN UND DER PERLE legt der Prinz zu Beginn seiner Reise sein Strahlenkleid ab oder im Mithraskult senkt Mithras seine Fackel nach unten (siehe Abb. 9).

Der Held beginnt nun in seiner Verblendung als Sachwalter des Guten einen gigantischen Kampf gegen das Böse in seiner Außenwelt. Dabei erkennt er nicht, dass er unbewusst gegen sich selbst, gegen seinen unbewussten Teil – seinen Schatten – kämpft. In dieser Welt des Kampfes fehlen daraufhin das LICHT und die mit ihm verbundene LIEBE. Die Konkurrenz (Saturn) des Einen gegenüber dem Anderen wird zur Normalität. Der »Abergeist« dominiert seine Unterhaltungen. Der Held will in den Augen der anderen gut sein. Er sagt daher »ja« zu ihnen – widersprechen wäre ja böse – ist aber im Grunde anderer Meinung und schränkt daher sein »ja« mit einem »aber« ein. Diese zunächst ganz harmlos erscheinenden Klügeleien münden allzu oft in Streit, Gewalt und Krieg. In dieser dunklen Welt muss der Held letztendlich erkennen, dass er das, was er bekämpft, durch seinen Kampf nur noch stärker werden lässt.

Wer sich davon eine Vorstellung machen möchte, denke nur an

den Roman HERR DER RINGE des britischen Schriftstellers und Philologen J. R. R. Tolkien (1892–1973) und die darin erzählten gigantischen Kämpfe der Guten gegen das Böse, die von der Gestalt des »Sauron« und dessen Herrn »Morgoth«, dem »schwarzen Feind der Welt«, inszeniert werden. Der Herr der Ringe kann als Anspielung auf den Ringplaneten Saturn verstanden werden.

Eine aktuellere Vorstellung vom Kampf des Guten gegen das Böse ermöglicht uns der ehemalige US-Präsident George W. Bush, der am 29.01.2002 das politische Schlagwort von der »Achse des Bösen« prägte und den Kampf der »Guten« gegen den Terrorismus – das Böse – initiierte. Dieser Kampf führte daraufhin zur explosiven Zunahme des »bösen« Terrorismus und kostete alleine im Irak etwa eine Million Menschen das Leben.

In der östlich beeinflussten Literatur begegnen wir dem Begriff der *Asuras*. Der Hinduismus versteht darunter Wesen, denen das göttliche Licht fehlt. In diesem Sinn sind wir selbst diese Asuras, solange wir unser Selbst spalten und damit unser Licht verdunkeln. Problematisch wird der Umgang mit dem hinduistischen Begriff dann, wenn wir die Asuras als menschenfeindliche Spezies sehen, die uns gleich Terroristen von *außen* bedroht und sie nicht mehr als die Projektion der unbewussten »bösen« Teile unseres Selbst erkennen.

In der Tragödie FAUST befasst sich der Dichter Johann Wolfgang von Goethe (1749–1832) mit dem Thema der Spaltung in Gut und Böse. Das Böse, als Schatten des Doktor Faust, tritt hierin in der Gestalt des Mephistopheles (Teufel) auf die Bühne. Vom Gelehrten Faust gefragt, wer er sei, antwortet dieser:

> [Ich bin] Ein Teil von jener Kraft, die stets das Böse will und stets das Gute schafft.

Faust fragt ihn daraufhin:

> Du nennst dich einen Teil, und stehst doch ganz vor mir?

Mephistopheles antwortet ihm:

> Ich bin ein Teil des Teils, der anfangs alles war, ...

Wenn wir beim Bild des Kugelmenschen bleiben, so ist der Teufel die eine Hälfte der Kugel, die böse »Schattenhälfte«, die unser »gutes« Ego vom Selbst abgespalten und verdrängt hat, um gut zu erscheinen. Damit ist diese Hälfte ein Teil des ursprünglich ganzen Selbst. Aus dieser Betrachtung folgt, dass es den Teufel bzw. das Böse nicht als eigenständige Kraft gibt, sondern dass sie von uns geschaffen wird, solange wir urteilen und uns »spalten«. Als »Gutmenschen« (Saturn-Kompensation) wollen wir stets das Gute und schaffen durch die Spaltung doch stets das Böse in der Außenwelt!

Von der Quantenphysik wissen wir, dass die Materie sich nur in der Beziehung zu einem (unserem) Bewusstsein offenbart. Ohne unsere Beobachtung verlieren die Quanten ihre fixen Eigenschaften. Sie kehren zurück in das potenzielle Feld aller Möglichkeiten und »verschwinden« damit im Chaos. Ist unser Bewusstsein im Urteil gespalten, so ist es kein Wunder, dass sich diese Spaltung in der Beobachtung unserer materiellen Welt manifestiert.

Aus dem Kampf des Guten gegen das Böse (Mars-Saturn) erwachsen uns traumatische Erfahrungen (Pluto), die sich im Gedächtnis (Pluto) unserer Seele teilweise bewusst und teilweise unbewusst ansammeln. Die Ansammlung dieser Erfahrungsbilder erinnert uns an das »Bergwerk der Bilder«, in das der Held Bastian in dem Buch DIE UNENDLICHE GESCHICHTE des Schriftstellers Michael Ende (1929–1995) hinabgestiegen ist, um den »Weg zum Wasser des Lebens« zu finden.

In der Erinnerung an die Traumata des Lebens zwingt uns unser Ego bewusst oder unbewusst zu Verhaltensformen, durch die es sicherstellen will, dass wir diese Erfahrungen in Zukunft vermeiden. Etwas Vergangenes, das wir allzu oft auf unsere Außenwelt projizieren, bekommt in diesem Zusammenhang Macht über unser Leben und bestimmt es fremd (Pluto). Die Märchen wählen für diese Macht oftmals das Bild der Hexe (Pluto). Wir leben unter ihrem Einfluss nicht mehr die freie Entfaltung unseres Selbst, sondern fühlen uns von *ihr* in Rollen (Pluto) gedrängt, die unsere Lebensenergie zunehmend absorbieren. Im Märchen wird diese absorbierte Energie (Sonne, Kinder) zur Nahrung der »Hexe«. Wie es uns Helden dabei ergeht, schildert sehr anschaulich ein Märchen der Gebrüder Grimm.

Die Reise von Hänsel und Gretel

Die meisten werden das Märchen von HÄNSEL UND GRETEL kennen und sich der kindlichen Ängste erinnern, welche die Vorstellung der drohenden Trennung von den Eltern hervorrufen kann. Das Märchen beginnt mit der Erkenntnis des armen Holzhackers, dass er seine Kinder – Hänsel und Gretel – nicht mehr ernähren kann und dem Vorschlag seiner Frau, die Kinder doch in den Wald zu führen und sie dort alleine ihrem Schicksal zu überlassen. Der erste Versuch jedoch scheiterte, die Kinder wollten, wie man es heute ausdrücken würde, das »Hotel Mama« nicht verlassen. Erst der zweite Versuch der Trennung der Kinder von den Eltern war erfolgreich. Die Kinder fanden nicht mehr nach Hause, sondern verirrten sich immer tiefer in dem großen Wald. In dieser Wirrnis übernahm ein schneeweißer Vogel ihre Führung, sodass sie zu einem Haus aus Brot und Kuchen gelangten. Als die Kinder begannen, daran ihren Hunger zu stillen, rief eine Stimme aus dem Haus:

> Knusper knusper knäuschen, wer knuspert an meinem Häuschen?

Die Kinder antworteten:

> Der Wind, der Wind, das himmlische Kind.

Daraufhin trat eine Hexe vor die Tür und lud die Kinder ein, in ihr Haus zu kommen und es sich gut gehen zu lassen. In Wirklichkeit jedoch wollte sie die Kinder fangen, mästen, braten und verspeisen. Gretel jedoch gelang es, die Hexe statt Hänsel in die Flammen des Ofens zu stoßen, sodass diese elendiglich verbrannte. Wieder frei, fanden sie im Haus der Hexe Perlen und Edelsteine, mit denen sie sich ihre Taschen füllten. Nachdem eine weiße Ente ihnen geholfen hatte, ans andere Ufer des großen Wassers überzusetzen, fanden sie heim ins Vaterhaus. Dort leben sie sorglos bis ans Ende ihrer Tage.

Das Märchen beschreibt einen entscheidenden Entwicklungsschritt in der *Eltern-Kind-Beziehung* und unterstreicht die Notwendigkeit der Trennung der Kinder von ihren Eltern, nachdem sie herangewachsen sind. Ausgehend von der hermetischen Lehre, dass das was außen ist, dem entspricht, was innen ist, erzählt das Märchen etwas über unser eigenes Inneres und die Entwicklung vom Ego zum Selbst. Hänsel und Gretel entsprechen dabei unseren inneren heranwachsenden Archetypen der Anima (Wasser: Mond, Pluto, Neptun) und des Animus (Feuer: Mars, Sonne, Jupiter). Solange sie unter der Obhut der Eltern (des Althergebrachten, Saturn) leben, führen sie kein eigenes Leben (Animus) und ihr Erlebenshunger (Anima) kann nicht gestillt werden. An diesem Hunger leidend, müssen sie, ob sie wollen oder nicht, hinaus in die Welt. Es ist eine fremde Welt, in der sie sich verirren. Hierfür steht in vielen Märchen der große tiefe Wald. Andere Mythen verwenden hierfür – wie das Lied vom Prinzen und der Perle – das Bild des Labyrinths.

Bei diesem Weg der scheinbaren Verirrungen werden die Kinder, und letztendlich auch wir alle, unbewusst geführt. Diese unbewusste schicksalhafte Führung übernimmt Uranus, das »schöne schneeweiße Vögelein« im Märchen und zusätzlich erkennbar in der Antwort: »Der Wind, der Wind, das himmlische Kind«, Uranus (Himmel) repräsentiert den göttlichen Atem (Luftelement), den himmlischen Wind, das göttliche Kind in uns. Sein Anliegen ist es, uns vom Alten (Eltern, Saturn) zu trennen und uns auf den Weg der Individuation[6] zu führen. In diesem uranischen Prozess treffen wir zwangsläufig auf die Energie Plutos, auf die Hexe in uns. Sie zwingt uns, scheinbar fremde Erwartungen – zum Beispiel die der Vorfahren (Erbe) – zu erfüllen und Rollen zu leben, die uns beherrschen, fremdbestimmen und von uns selbst fernhalten. Um frei zu leben, muss diese Hexe früher oder später in uns sterben. Scheinbar bietet sie uns aber reichlich Nahrung (Haus aus Brot und Kuchen oder – im Bezug zu unserem Leben – beispielsweise das Erbe). Im

---

[6] Individuation ist ein Begriff der Psychologie C. G. Jungs für den Prozess der Reifung vom ICH zum SELBST.

Gegenzug fordert sie dafür jedoch gewaltige Opfer von uns. Sie erhält sich nämlich nur dadurch weiter am Leben, dass sie die Energie für unser heranwachsendes Leben – im Märchen wird sie von Hänsel und Gretel repräsentiert – einem Vampir gleich aussaugt (verspeist). Wollen wir aber diese Energie für unser eigenes freies Leben (Uranus-Sonne-Mond) nutzen, dann müssen wir die Hexe samt Erwartungen, Rollen und Zwängen verbrennen (Transformation). Gelingt uns dies, dann kann unsere Seele befreit wie der »Phönix« aus der Asche« des Verbrannten aufsteigen. Es ist daher Gretel, die Projektion unserer Anima, welche die Hexe (Pluto) als Teil der Anima in den Ofen stoßen muss. Dieser Wandlungsprozess (Pluto) findet seinen Abschluss im Übersetzen vom alten zu einem neuen Lebensufer. Darüber hinaus wächst uns aus der transformierten Plutoenergie ein Schatz zu. Wir werden uns unserer inneren »Perle« (Uranus) bewusst und der graue Fels des Saturn wird zum Edelstein. Ähnlich der GESCHICHTE VOM VERLORENEN SOHN kehren Anima und Animus, also wir SELBST, nach langer Reise heim in des »Vaters« Haus (Paradies), von dem wir ursprünglich ausgezogen sind. Und die Freude nimmt kein Ende mehr.

Die Finsternis in der Gesellschaft (Projektion)

Das URTEIL teilt nicht nur unser Selbst, unsere Individualität (Ungeteiltheit, Uranus), sondern spaltet unser Ego auch vom Kollektiv, von der Gesellschaft ab, in der wir leben. Viele der an unserem Selbst verurteilten Eigenschaften begegnen uns in der uns umgebenden belebten und »unbelebten« Natur. Sie begegnen uns als Eltern, Geschwister, Verwandte, Nachbarn sowie in den Repräsentanten der Gesellschaft, Institutionen, und Systemen (Glaube, Werte, Geld, Wirtschaft usw.), in den Führern, Verführern, Politikern, Herrschern, Ideologen, Scheinheiligen, Kriminellen und Andersartigen. Sie beleben unsere Außenwelt als Vertreter unserer Schatten. Wir haben sie dorthin projiziert. Erkennen wir in ihnen unsere Schatten, dann kann uns vieles über unser Selbstbewusstwerden. Von Bedeutung sind insbesondere diejenigen Begegnungen, die in uns Affekte (emotionale Regungen) wachrufen. Die Welt, die uns *erregt*, zeigt uns – wie in einem Spiegel – unbewusste Teile unseres Selbst, worüber sich unser Ego mit seinem Urteil *erregt* hat! Der Hass (Pluto) der anderen zeigt uns den unbewussten Hass auf das unbewusst Fremdbestimmende (Pluto) in uns selbst. Er wird nicht verschwinden, wenn wir ihn im Außen bekämpfen oder mit Verboten belegen. Im Gegenteil, er wird noch zunehmen!

Das Bewusstsein konditioniert die Welt in dem Raum, das es umfasst. Als Kinder, die wir aus früheren Leben das URTEIL in unterschiedlichster Ausprägung mitbringen, bedingen wir mit unserem Bewusstsein, dass wir bei Eltern mit einem gleichartig konditionierten Bewusstsein inkarnieren. Das Gesetz der Affinität stellt dies sicher. Der Volksmund beschreibt die Affinität einfach und doch treffend: »Gleich und gleich gesellt sich gern.« Die Eltern erziehen uns mit der Strenge (Saturn), die in der Kindheit in unserem Unbewussten »lebt«. Der Anerkennung wegen unterwerfen wir uns scheinbar deren Maßstäben. Wir »stellen damit unser Licht unter den Scheffel«, wie es im Neuen Testament heißt (Mat. 5,14). Der Scheffel ist ein Maß. Er symbolisiert in dem biblischen Gleichnis den Maßstab des Saturns, durch den das uranische Licht beurteilt, begrenzt und dadurch verdunkelt wird. Auf diese Weise lernen wir als Kind – in der Projektion auf unsere Eltern – unsere eigene unbewusste Strenge kennen und internalisieren sie in den Jahren nach dem 7. Lebensjahr erneut als »unser« Gewissen. Dabei bleibt uns verborgen (unbewusst), dass die Urteile der Eltern, Erzieher und vermeintlichen Autoritäten Projektionen unsres eigenen Selbst sind und waren. In Wirklichkeit ist daher der Prozess der Internalisierung ein Wiedererinnern des im Kind schon Vorhandenen. Dies lässt uns an die Auffassung des griechischen Philosophen Sokrates (Platon) denken, dass alles Wissen auf der Wiedererinnerung der Seele an das Reich der Ideen beruht, in dem sie sich vor dem Abstieg in den Körper aufhielt[7].

---

[7] Prof. Dr. Wilhelm Krause, Geschichte der Philosophie im Überblick, Wien 1954

Politische Auseinandersetzungen, Kriege, Finanzmanipulationen, Ausbeutung anderer Menschen oder fremder Länder, Imperialismus und Kolonialismus sind scheinbar vom eigenen Ego unabhängige Geschehnisse. Berühren uns jedoch diese Konflikte emotional, zeigen auch sie uns – wie in einem Spiegel – unbewusste Konflikte in uns selbst. Diese Konflikte teilen wir aber mit dem Kollektiv, in dem wir leben. Bei den Anderen des Kollektivs können wir oft die innere Zwietracht erkennen, aber nur selten bei uns (unserem) SELBST! So liegt es nahe, die Schuld am Zwist fast immer beim Anderen zu suchen. Es scheint, als seien wir vom »Spiel« der Schuld-Projektion besessen. Wir gehen sogar so weit, das Böse auf Außerirdische – sollten sie tatsächlich existieren – zu projizieren. So zeigen sich in den Hollywood-Produktionen die Außerirdischen in der Regel als bösartige Invasoren[8]. Dabei scheinen wir vergessen zu haben, mit welcher Bösartigkeit wir Europäer in imperialer Gesinnung den Kolonialismus seit dem 16. Jahrhundert vorangetrieben haben und bis auf den heutigen Tag vorantreiben.

Erkennen und verstehen wir unsere Schatten, dann entsteht die Chance, sie wieder in unsere Persönlichkeit integrieren zu können. Solange wir jedoch nur *gut* sein wollen, wird uns die Integration nicht gelingen. Erinnern wir uns an das Märchen DER FROSCHKÖNIG ODER DER EISERNE HEINRICH. Dort ging dem Bewusstwerdungsprozess der Prinzessin eine böse Tat voraus. Sie erkannte den als Frosch erscheinenden wunderschönen Prinzen erst, als sie *bitterböse* wurde und den Frosch an die Wand geworfen hatte. Als Gute hätte sie ihren »bösen« Teil nicht erkennen und integrieren können!

Gegenwärtig befassen wir uns ausgiebig mit dem Thema *Migranten*. Wir wissen von ihnen, dass sie in ihren Ländern ihre Existenzgrundlage immer mehr verlieren. Sollten wir uns da nicht fragen, ob nicht wir es sind, die – bei unserer Art zu leben, zu produzieren und zu konsumieren – die Grundlage zu einer wahren, erfüllten

---

8 Als Beispiel: der US-amerikanische Science-Fiction-Film INDEPENDENCE DAY des Regisseurs Roland Emmerich aus dem Jahr 1996

Lebendigkeit verlieren? Diese Erkenntnis, sofern wir sie in uns zulassen, wäre ein Geschenk der Migranten an uns.

Sind die Migranten jedoch *Flüchtlinge*, dann ist deren Botschaft eine andere. Sie haben ihre Heimat (Krebs-Mond) verloren, weil Fremde unter anderem ihre Bodenschätze (Stier-Venus) rauben oder Soja-Plantagen für Tierfutter auf ihrem Land anlegen. Auch hier stellt sich die Frage: Verlieren wir nicht selbst beim Streben nach materiellem Reichtum (Stier-Venus) unsere Identität, unsere innere Heimat, unsere Natur (Krebs-Mond)?

Angst als Folge der Finsternis

Woher kommt es, dass wir fast immer die Schuld an dem, was ist, bei den anderen suchen? Indem wir unser Selbst spalten und dem verurteilten Teil keine Anerkennung mehr geben, werden wir natürlich an uns (unserem Selbst) schuldig. Diese Schuld lastet meist unbewusst auf unserem Ego. Für uns GUT-Menschen – eine besonders beliebte Spielart des Seins – ist Schuld mit dem Bösen verbunden. Sind wir aber böse gewesen, dann fühlen wir uns in unsere Kindheit zurückversetzt (Regression) und in uns entsteht die gleiche ANGST wie damals, die Anerkennung der Mutter oder des Vaters zu verlieren. Da sie folglich dann nicht mehr für uns sorgen würden, glauben wir letztendlich sterben zu müssen. Die Angst kann ins Unermessliche steigen, sollten wir gar die Anerkennung der scheinbar höchsten Autorität – Gott – verlieren. Auf diese Weise schaffen wir in uns ein extrem angstbelastetes Verhältnis zu unserem Schöpfer. Um diese Angst zu bewältigen, verdrängen wir die Schuld in unser Unbewusstes und suchen daraufhin für alles Böse in unserem Leben einen Schuldigen in unserer Außenwelt. Dass diese scheinbar Schuldigen im Außen auftauchen, dafür sorgt Aphrodite (Waage-Venus; Schuldprojektion).

Andere Völker und Gruppen versuchen dem Dilemma dadurch zu entkommen, dass sie eine Unmenge Verhaltensgesetze oder Tabus (Saturn) aufstellen. Beispielsweise begegnen wir in unserer christlichen Religion einer solchen Aufstellung in den Büchern Mose des Alten Testaments. Wer sie alle einhält – so ihr Glaube – kann nicht böse, sondern muss gut sein und wird daraufhin mit Sicherheit von seinem Gott auserwählt werden. Folgerichtig entsteht daraus bei den Gläubigen die Illusion des »auserwählten Volkes«, von dem das Alte Testament spricht. Ihnen entgeht dabei vollkommen, dass sie durch ihr Verhalten ihrem Selbst übel mitspielen, da sie dessen Lebendigkeit durch die Gesetze in unsäglicher Weise einschränken und blockieren (Saturn). Damit sie sich ihres Verhaltens bewuss twerden, sorgt auch hier Aphrodite (Waage-Venus) dafür, dass sie immer wieder auf eine Außenwelt treffen, die sie unsäglich einschränkt und ihnen übel mitspielt.

Für unser begrenztes Bewusstsein (Saturn) erscheint es schier unmöglich, die Wirklichkeit (Neptun-Hemmung) zu erkennen. Zu erkennen, dass alles in ihr seinen Sinn für uns hat. Dass es die vermeintliche Schuld anderer nicht gibt, da es unser Selbst ist, welches mit seiner (unbewussten) Schöpferkraft *alle* Situationen in unserem Leben kreiert. Sie sind zu nichts anderem da, als unser Selbst und dessen noch unheile Bereiche kennenzulernen und uns ihrer bewusst zu werden. Bis dahin werden wir immer wieder unserem UNHEIL in der »Außenwelt« begegnen.

Das Unheil, das wir dabei erfahren, untergräbt aber unser Vertrauen (Neptun-Hemmung) in den Schöpfungsfluss bzw. in das Schicksal. Je mehr das Vertrauen schwindet, desto größer wird die Angst vor dem Schicksalhaften. Wir entwickeln daraufhin Waffen, um uns gegen unser Schicksal zu wappnen. Das Arsenal reicht von der Versicherung gegen alles und jedes, über das körperliche Training, das Studium der Gesetze (Jura, Theologie), das Messer, die Pistole, das Gewehr, die Kanone bis hin zur Atomwaffe. Die Kampfbereitschaft wächst und verdeckt immer mehr die Liebe. Je größer die Angst, desto größer wird der Mangel an Liebe (Neptun-Hemmung).

Die Rolle Saturns vor seinem »Fall« als Luzifer

Nachdem wir die verzauberte Seite des Saturns beleuchtet haben, sind wir es ihm schuldig, auch seine wunderbare Seite hervorzuheben.

In der antiken Mythologie war der Titan Kronos (Saturn) im Goldenen Zeitalter Herrscher des Himmels. Der Himmel in uns ist der uns verfügbare Bewusstseinsraum. In ihm geschieht Schöpfung. Im Tierkreis umfasst der Himmel die *geistigen Zeichen* Fische, Wassermann, Steinbock und Schütze. Die idealen Bedingungen, derer sich der Mensch damals erfreute, zeigen, dass Saturn vor seinem Fall – als Luzifer – eine wunderbare erlöste Seite besaß – und immer noch besitzt.

Saturns (Kronos') wahre und ursprüngliche Aufgabe besteht darin, dem Licht (Uranus: Licht, geistige Idee, Inspiration) seine zur geistigen Materie (Erdelement) passende *Form in der Zeit* zu geben. Die Form, die er gestaltet, wird zum Träger der Idee bzw. des Lichts. Daher sein Name Luzifer[9] (lat. *lux ferre*: Lichtträger). Er ist damit eine wesentliche Kraft in der göttlichen Schöpfung. Ohne ihn gäbe es keine Form und damit nichts wahrzunehmen! Fälschlicherweise setzen wir im alltäglichen Sprachgebrauch Luzifer mit dem Teufel bzw. Satan gleich und erkennen nicht mehr den Unterschied seines Wirkens.

Der hebräische Buchstabe Daleth (ד) steht für diese Formgebung. Er besagt, dass der göttliche Impuls durch die Formgebung (Saturn), die dem geistigen Plan (Uranus) entspricht, als Schöpfung im *Geistigen* hervortritt und Form geworden in unserem Geist sichtbar wird.

Um Formen zu schaffen, muss er die ursprünglich gleichmäßig verteilte geistige Energie des Chaos im Raum *konzentrieren*. Dabei

---

9 Im vorliegenden Zusammenhang steht Luzifer für den »erwachsenen« Saturn, der durch die Formung des geistigen Erdelements die Inspiration (Licht) zum Ausdruck bringt. Luzifer wird auch als Bezeichnung für die Venus als Morgenstern verwendet. Er ist aber nicht gemeint. Daher bitte nicht verwechseln.

entstehen Zonen der Energie-Fülle und der Energie-Leere und daraus energetische Strukturen. *Fülle und Leere* sind gleichzeitig die Grundlage der *Polarität*. Im Fluss der sich stets verändernden Schöpfung ist die Formgebung permanente auf das Jetzt bezogene Aktion. Im Fluss muss die Form in der *Zeit* vergänglich sein. Diese ständige Neuschöpfung von Strukturen ist Saturn durch seine *kardinale Qualität*[10] möglich. Die Formgebung auf der geistigen Ebene durch Saturn ist die erste *Antwort* in uns auf den göttlichen Schöpfungsauftrag, das *Wort*. Daraus leitet sich auch der Begriff der Verant*wort*ung ab.

Saturn (Kronos), als Herrscher des »Goldenen Zeitalters«, war im astrologischen Altertum Herrscher der Zeichen Wassermann und Steinbock. Er vertrat als männlicher Saturn (Luftelement) den göttlichen Plan (Inspiration, göttlicher Atem, Wassermann) und als weiblicher Saturn (Erdelement) dessen Formgebung (Steinbock). Ohne den Plan zu beurteilen, verwirklichte sich die ursprüngliche Schöpfung in Liebe und Harmonie. Konkurrenz, Zwiespalt und Krieg waren unbekannt, gesetzliche Regelungen überflüssig. Das Leben war in unserem Bewusstseinsraum im »Fluss« und verlief ohne Anstrengung. Die Menschen ernährten sich nur von dem, was die Natur und die Erde ihnen von selbst gab. Wobei deren Hauptnahrung das Licht (Inspiration) war. Bei einem ausgeglichenen Klima bewegten sie sich unbekleidet im Freien. Keiner fand die von Gott geschaffene Nacktheit unmoralisch! Zwischen Menschen, Tieren und den übrigen Lebewesen (u. a. Pflanzen) gab es eine telepathische Verständigung.

Dieses Leben war natürlich nur bei totaler Abwesenheit jeglichen Urteils möglich, also bevor der Mensch die Frucht der Erkenntnis gegessen hatte. In diesem urteilsfreien Zustand ist er mit dem Fluss der Schöpfung vollkommen *einverstanden* (Neptun). Er will nichts ändern und er gibt sich ihm *bedingungslos* hin. In diesem Sein gedieh

---

10 Die Kardinale Qualität verleiht den entsprechenden Tierkreiszeichen (Steinbock, Waage, Krebs, Widder) die Kraft zur Initiative, die nur im Jetzt gelebt werden kann.

die bedingungslose Liebe (Agape, Neptun). Im Goldenen Zeitalter existierte keine Trennung zwischen der göttlichen und der menschlichen Welt. Die *Nondualität* (Advaita) beschreibt das Bewusstsein der Einheit (Neptun), das unserem ego-gebundenen Denken (Jupiter-Saturn) nicht zugänglich ist, da es urteilend nicht aus der Dualität der Subjekt-Objekt-Beziehung herauszutreten vermag.

Auf den möglichen erlösten geistigen Zustand des Menschen, gleich dem des Goldenen Zeitalters, weist uns im Neuen Testament die Bergpredigt hin. Das dort beschriebene Leben kann aber nur bei völliger Hingabe unseres Egos an das Selbst Realität werden:

> Deshalb sage ich [Jesus] euch: Seid nicht besorgt für euer Leben, was ihr essen und was ihr trinken sollt, noch für euren Leib, was ihr anziehen sollt! Ist nicht das Leben mehr als die Speise und der Leib mehr als die Kleidung? Seht hin auf die Vögel des Himmels, dass sie weder säen noch ernten noch in Scheunen sammeln, und euer himmlischer Vater ernährt sie doch. Seid ihr nicht viel wertvoller als sie?
>
> Wer aber unter euch kann mit Sorgen seiner Lebenslänge eine Elle zusetzen?
>
> Und warum seid ihr um Kleidung besorgt? Betrachtet die Lilien des Feldes, wie sie wachsen; sie mühen sich nicht, auch spinnen sie nicht. Ich sage euch aber, dass selbst nicht Salomo in all seiner Herrlichkeit bekleidet war wie eine von diesen. Wenn aber Gott das Gras des Feldes, das heute steht und morgen in den Ofen geworfen wird, so kleidet, wird er das nicht viel mehr euch tun, ihr Kleingläubigen?
>
> So seid nun nicht besorgt, indem ihr sagt: Was sollen wir essen? Oder: Was sollen wir trinken? Oder: Was sollen wir anziehen? Denn nach diesem allen trachten die Nationen [Völker]; denn euer himmlischer Vater weiß, dass ihr dies alles benötigt. Trachtet aber zuerst nach dem Reich Gottes und nach seiner Gerechtigkeit! Und dies alles wird euch hinzugefügt werden. So seid nun nicht besorgt um den morgigen Tag! Denn der morgige Tag wird für sich selbst sorgen. Jeder Tag hat an seinem Übel genug. [Einfügung v. Verf.] (Mat. 6,25)

Die Machtergreifung Jupiters

Dem Titanen Kronos (Saturn) wurde prophezeit, dass er – ebenso wie Uranos – von einem seiner Söhne entmachtet werden würde. Daher verschlang er alle seine Kinder, die er mit seiner Schwester Rhea hatte. Sein Sohn Zeus (Jupiter) überlebte jedoch durch eine List Rheas auf Anraten Gaias. So kam es, wie es ihm prophezeit wurde: Zeus übernahm von Kronos die Macht im Himmel (Olymp).

In diesem Mythos wird eine weitere Veränderung im menschlichen Bewusstsein (Geist, Himmel) geschildert. Der das Urteilen (Saturn) nutzende Verstand (Jupiter) beginnt von da an unser Bewusstsein zu dominieren. Jupiter wird in Bindung an den Saturn zum Fundament unseres Egos (Jupiter-Saturn). Ab da steht das Denken im Vordergrund der menschlichen Aktivitäten.

Eine Auswirkung erkennen wir schon in der griechischen Mythologie selbst. Zeus (Jupiter) wird zum Göttervater und wir Astrologen achten ihn, indem wir ihm nur Gutes andichten und ihn als das »Große Glück« verehren. Die Realität Jupiters in den Diensten unseres Egos jedoch, sieht anders aus.

Die ursprüngliche Aufgabe Jupiters als Herrscher des Tierkreiszeichens Schütze besteht darin, die von Saturn geformte Inspiration (Uranus) als *Gedanke* mithilfe seines Feuers in unserem Geist lebendig werden zu lassen (siehe Abb. 3). In unserem Bewusstseinsraum (Geist) erleben wir auf diese Weise ein von der göttlichen Inspiration (Luft) »ge*speis*tes« geistiges Feuer. In einem späteren Kapitel zur Reise Jesu erfahren wir, dass der göttliche Sohn diese »Speise« des geistigen Feuers ist. Was da in unserem Geist lebendig wird, gestaltet auch letztendlich – via Seele – das körperliche Leben: »*Der Geist ist's, der den Körper schafft!*« (Friedrich Schiller, 1759–1805)

Der Fluss der Inspiration aus der Quelle Neptuns wird seit dem »Sündenfall«[11] von Saturn durch dessen URTEIL gespalten und damit blockiert (siehe Abb. 4). Jupiters geistiges Feuer wird daraufhin

[11] Siehe auch: Der Mensch erschafft die Finsternis

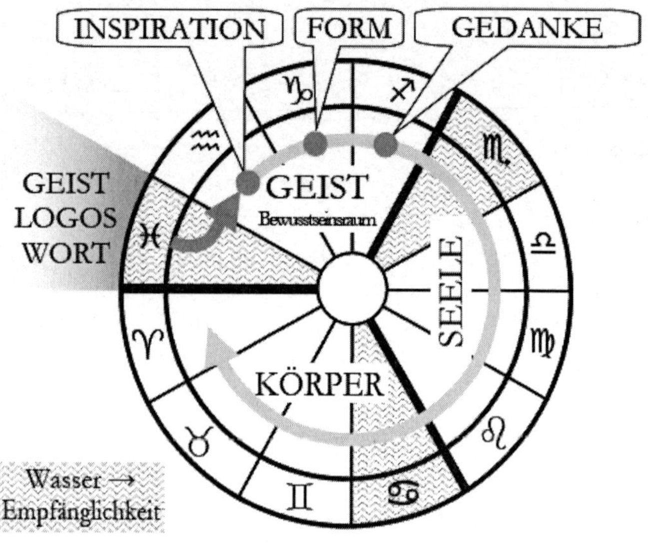

Abbildung 3: Der Energiefluss im menschlichen Geist

nicht mehr von Inspirationen gespeist, sondern von den Urteilen und Normen des Saturn. Die Auseinandersetzung mit diesen Urteilen und Normen wird zu einer der Hauptbeschäftigungen unseres Denkens (Jupiter-Saturn). Symbolisch ist damit unser Denken an den Felsen (Saturn, Urteil) gefesselt[12]. Unser Ego kann nicht denken, ohne zu urteilen! Das Denken wirkt sogar als »Brandbeschleuniger« des Urteilens und umgekehrt.

Die Fragen »Bin ich richtig, habe ich alles richtig gemacht, habe ich Schuld oder bin ich schuldlos?« treiben unser Ego um und werden zu einem zentralen Problem in seinem Denken. Je nach Kindheitserfahrungen und Erziehung (Sozialisation, Vergangenheit) fallen dabei die Antworten unseres Denkens recht unterschiedlich aus.

Hinzu kommt, dass das Denken unseres Egos die gemachten Erfahrungen der Vergangenheit[13] (Pluto) verwendet und diese zu

---

[12] Siehe auch: Chiron und Prometheus

[13] Siehe auch: Der Schmerzkörper

Bausteinen der Gedanken werden. Es will, dass sich die positiven Erfahrungen wiederholen und die negativen vermieden werden. Zu diesem Zweck beginnt es im Zusammenspiel mit dem Gedächtnis (Pluto) die Zukunft zu planen. Was im Lebensfluss von diesen Plänen abweicht, ist unser Verstand nicht bereit zu tolerieren. Unsere geistige Lebendigkeit verliert dadurch die *Gegenwart* und bezieht sich immer mehr auf die Erfahrungen der *Vergangenheit* und die Wünsche an die *Zukunft*. Sie verliert ihre Offenheit dem Leben gegenüber.

Nicht mehr die Luft des Uranus entfacht (»speist«) unser geistiges Feuer, sondern ersatzweise die Luft der Begegnung (Waage-Venus, Luftelement). Dabei bleibt es uns in der Regel verborgen, dass die Begegnungen Projektionen unserer eigenen *Schatten* sind. Unser Denken verwendet, ohne dass es ihm bewusst wird, die subjektiv gestaltete Begegnungswelt als Grundlage. Irrtümlich geht es davon aus, dass diese Welt unabhängig von ihm existiere und daher objektiv sei. Dieser Irrtum hält es in der Subjektivität gefangen. Das Denken der Wahrheit wird dadurch unmöglich. Stattdessen führt es uns tief in den Glauben und in eine subjektive Irrealität, die ihre eigenen wirklichkeitsfremden Glaubenssätze gebiert. Die Tragik dabei ist, dass die Glaubenssätze – via Seele – das körperliche Leben bestimmen.

Die von Saturn blockierten Kräfte und Strebungen Neptuns und des Uranus entladen sich in oftmals dramatischen *schicksalhaften* Erfahrungen der Enttäuschung (Neptun) oder eines eruptiven Um- oder Zusammenbruchs (Uranus). Vor diesen unerwarteten und kaum zu beeinflussenden Geschehnissen hat unser Ego eine diffuse und tief sitzende *Angst*. Diese Angst wird zu einer stetigen Grundschwingung unseres Denkens. Verstärkt wird sie durch die oft nur schwer zu erfüllenden Ansprüche unseres Körpers nach materieller Sicherheit (Stier-Venus) und der Erfüllung seiner biologischen Bedürfnisse (Krebs-Mond). Die Sorgen (Mond) um den Gelderwerb, die Nahrungsbeschaffung und das Wohnen rücken immer wieder in den Fokus unseres Denkens.

Die latente Angst unseres Egos wird zudem in der Politik als Instrument missbraucht, um das Verhalten der jeweiligen Gruppen zu manipulieren und zu steuern. Zu dieser Angst tragen Massenmedien,

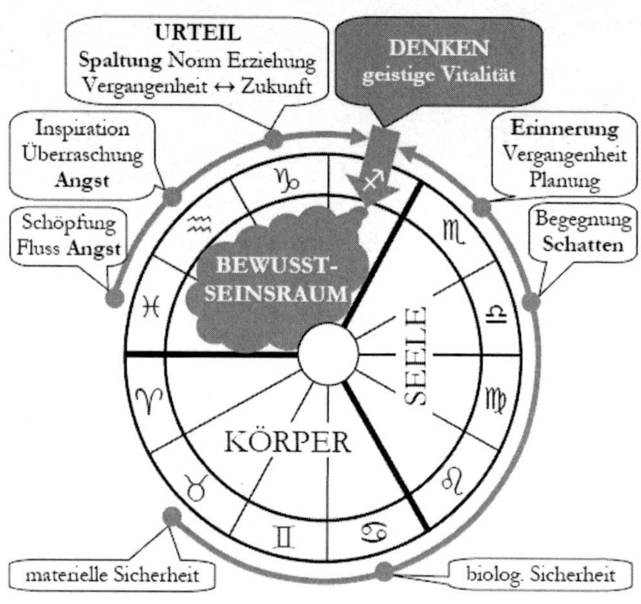

Abbildung 4: Konditionierung des Denkens - Jupiter

wie beispielsweise die Boulevardzeitungen oder das Fernsehen, mit einer unübersehbaren und steigenden Flut von Gewaltinformationen und Kriminalfilmen das Ihre bei.

Zur Bewältigung der zunehmenden Angst steigern wir unsere Denkanstrengungen immer mehr. Aus ihr bezieht die wissenschaftliche Forschung ihre Bedeutung. Verspricht sie uns doch, durch ihre Erkenntnisse das Schicksal zunehmend beherrschen zu können. Gerade im Umgang mit den Naturgewalten, den Krankheiten, wirtschaftlichen und sozialen Problemen vertrauen wir ihren scheinbaren Erfolgen.

Die Dramatik für unseren Geist (Bewusstsein) besteht darin, dass das irrlichternde *Gedankenfeuer* unseren ganzen *Bewusstseinsraum* ausfüllt (siehe Abb. 4), sodass das wahre Leben – geboren aus der göttlichen Inspiration – keinen Raum mehr in ihm findet. Diese Situation wird auch bei der Geburt Jesu angesprochen:

... und sie gebar ihren ... Sohn und wickelte ihn in Windeln und legte ihn in eine Krippe, weil in der Herberge kein Raum für sie war. (Luk. 2,7)

All die obigen Überlegungen zeigen, wie *konditioniert* unser Denken ist. Daher werden wir über es niemals in die Freiheit gelangen, die wir brauchen, damit das Licht in uns – die »Erleuchtung« – und mit ihm das wahre Leben eine Chance auf Entfaltung bekommen. Die Freiheit erreichen wir nur dann, wenn wir mit dem Denken aufhören. Da das Denken (Jupiter) aber neben den Urteilen (Saturn) die Basis unseres Egos ist, ja, es im urteilenden Denken erst so richtig lebendig wird, wehrt es sich mit aller Macht gegen den Stopp des Denkens. Es wird mit seinem Denken Übungen kreieren, die uns suggerieren, mit ihnen das Denken stoppen zu können. Wir können uns aber nicht – wie Münchhausen – an den eigenen Haaren aus dem Sumpf ziehen.

Wie stark unser GEIST (Bewusstsein) von Jupiter beherrscht wird, erleben wir auch in unserer Außenwelt, die ja die Projektion unserer unbewussten Innenwelt ist. In ihr übernehmen die Gelehrten (Jupiter) mit ihren Gesetzesschriften, Lehrbüchern (Jupiter-Saturn) und wissenschaftlichen Studien die Macht. Das herrschende Verstandesfeuer (Jupiter) droht daraufhin die Wasser in uns auszutrocknen. Die *Intuition* (Neptun, Wasser) verkümmert und das *Gefühl* zur momentanen Situation (Mond, Wasser) wird bei wichtigen Entscheidungen von unserem *Verstand* (Jupiter) überstimmt und missachtet. Nur das belastete Wasser (Skorpion, Pluto)[14] nimmt zu, da uns unsere Glaubenssätze (Überzeugungen, Jupiter-Saturn) und »Kopfentscheidungen« (Jupiter-Saturn) so manches Drama und Trauma (Pluto) im Leben bescheren.

Heute nimmt in unserem Kulturkreis die Macht der kirchlichen Priester scheinbar ab, dafür steigt die Macht der Wissenschaftsvertreter (Akademiker, Hochschullehrer, Professoren). Sie lassen sich allzu leicht vor den Karren wirtschaftlicher oder politischer Interessen spannen und verfallen ebenso schnell dem Wahn stetigen

[14] Siehe auch: Der Schmerzkörper

Wachstums[15]. Sie entfesseln in ihren Bereichen ähnliche Hexenjagden – wie ehemals die Vertreter der Religionen – auf diejenigen, die es wagen, vom Mainstream des Wissens abzuweichen. Hinzu kommt, dass viele ihrer Zunft bestechlich sind. Wissenschaftliche Studien werden manipuliert, sodass sie dem gewünschten Ergebnis der Auftraggeber – meist stehen mächtige Kapitalinteressen dahinter – entsprechen.

So mächtig das Zusammenwirken von Jupiter-Saturn in unserem Ego ist, so mächtig ist die Wirkung ihrer Kooperation auch im Kollektiv der menschlichen Egos. Etwa alle 20 Jahre bilden die beiden eine *Große Konjunktion*. Sie wandert in trigonalen Schritten (≈ 117°) durch den Tierkreis und gelangt nach etwa 800 Jahren an die gleiche Stelle des Tierkreises, worauf dieser große Zyklus aufs Neue beginnt. Bei der Abfolge der Konjunktionen kommt es immer wieder auf Grund der Rückläufigkeit zu Dreifach-Konjunktionen (Größte Konjunktion), die von besonderer Bedeutung sind. Auch der Wechsel in ein neues Element nach ca. 200 Jahren – nachdem etwa neun bis zehn Konjunktionen im gleichen Element stattgefunden haben – ist von stärkerer Geltung.

Im Unterschied zu Finsterniszyklen von Sonne und Mond (Seele und Körper) treffen bei der Großen Konjunktion *geistige* Energien aufeinander und interagieren miteinander. Sie verändern das bis dahin herrschende Bewusstsein. Da der Geist es ist, der die seelische und körperliche Welt bestimmt, löst die Große Konjunktion immer wieder kollektive Entwicklungen auf der oberen – geistigen – Schöpfungs- und Bewusstseinsebene des Menschen aus. Die Menschheit wird sich dabei je nach Kultur immer wieder neu der Begrenztheit (Saturn) ihres derzeitigen Verständnisses, Glaubens und ihrer Wissenschaft (Jupiter) bewusst und versucht diese Enge durch Wachstumsimpulse im gesellschaftlichen Miteinander zu überwinden. Zum einen kann sich der Wachstumsimpuls (Jupiter) auf den Ausbau autoritärer Strukturen (Saturn, Staat) richten, zum

---

[15] Betroffen sind u. a. Wissenschaftler in der Pharmaindustrie und in der Rüstungsindustrie.

anderen führt die Erkenntnis der Begrenzungen (Saturn) zur Veränderung der Religion, Wissenschaft und Lebensphilosophie (Jupiter), die ihrerseits in einen gesellschaftlichen Umbau münden kann. Mit bestimmend wirkt das Element, in dem die Konjunktion stattfindet. War es in den letzten 200 Jahren das Erdelement, so wechselt es jetzt (1980) für weitere 200 Jahre in das Luftelement. Der Schwerpunkt verlagert sich von der materiellen Realität hin zur ideellen Information. Bei diesen Entwicklungen bleibt aber die grundlegende Bewusstseinsbegrenzung des kollektiven Egos, die aus dem Urteilen (Saturn, Sündenfall) resultiert, weitgehend unangetastet. Es bleibt die grundlegende Moral, sie wird lediglich umgebaut.

Die babylonische Sprachverwirrung

Jupiter, in seiner voll entwickelten Energie, gibt uns mit seinem Feuer die Fähigkeit, die von ihm geschaffenen Gedanken in unserem Geist lebendig werden zu lassen und auszustrahlen. In unserem SELBST ist Pluto als oberste Instanz der Seele (empfängliches Wasser) der Empfänger dieser Gedanken. Aber auch andere Wesenheiten sind mit *ihrem* Pluto in der Lage, *unsere* Gedanken zu empfangen, so wie auch wir die Gedanken der Anderen empfangen können. Dies schafft eine *telepatische* Verbundenheit zwischen allen Lebewesen. Menschen, Tiere und Pflanzen können auf diese Weise miteinander kommunizieren.

In unserem Ego spalten sich aber unsere Gedanken (Jupiter-Saturn). Ihre freie Ausstrahlung wird durch Saturn blockiert. Daraufhin bedarf es in uns des Abstiegs der vom Ego zugelassenen Gedankeninformation auf die Körperebene. Dort ermöglicht der »Götterbote« (Zwillinge-Merkur) über die Modulation der Körperbewegung (Stimmbänder, Kehlkopf, ...) einen sprachlichen Ausdruck und auf diesem Weg die Möglichkeit der Kommunikation. So ist jedes seiner Worte (Begriffe) ein auf der Ebene des Gehirns im Sprachzentrum gespeichertes Bewegungsprogramm, das sich als Sprache von Weltgegend zu Weltgegend im Laufe der Zeit unterschiedlich entwickelt. Diese Entwicklung ist einer der Hintergründe der »babylonischen Sprachverwirrung«.

Die Sprachverwirrung war Folge der menschlichen Hybris, die Fähigkeiten Jupiters zusammen mit denen des Saturns dazu zu nutzen, auf eigenen (»besseren«, »spirituelleren«) Wegen in die Dimension des Bewusstseins (Himmel) vorzudringen. Das Ego glaubte mit seinem von der göttlichen Inspiration losgelösten *Verstand* eine Wissenschaft entwickeln, beziehungsweise ein Gedankengebäude (Elfenbeinturm) errichten zu können, welches den Himmel und damit die Wirklichkeit umfasst. Dieses Streben ist uns als »Turmbau zu Babel« überliefert:

> Und sie sprachen: Auf, wir wollen uns [...] einen Turm bauen, und seine Spitze bis an [in] den Himmel! (1. Mos. 11,4) [Einfügung entspr. d. Züricher Bibel]

Daraufhin kam es zu Intervention des göttlichen Geistes:

> ... lasst uns herabfahren und dort ihre Sprache verwirren, dass sie einer des anderen Sprache nicht mehr verstehen! (1. Mos. 11,7)

In der Apostelgeschichte des Neuen Testaments wird die Überwindung dieser Sprachverwirrung geschildert. Sie geschieht, wenn die göttliche Inspiration (Licht des Uranus, Heiliger Geist) ihren angestammten Platz im menschlichen Bewusstsein (Himmel) eingenommen hat und Saturn und Jupiter wieder ihre ursprüngliche Aufgabe[16] erfüllen. Die Verbindung des Menschen mit dem LOGOS ist dann wiederhergestellt und infolge dessen Jupiters Hybris und Saturns Urteilen überwunden. Davon berichtet uns das Neue Testament:

> Da kam plötzlich vom Himmel her ein Brausen, ...Und es erschienen ihnen Zungen wie von Feuer, die sich verteilten; auf jeden von ihnen ließ sich eine nieder. Und alle wurden vom Heiligen Geist erfüllt und begannen, in anderen Sprachen zu reden, wie es der Geist ihnen eingab. In Jerusalem aber wohnten Juden, fromme Männer aus allen Völkern unter dem Himmel. Als

---

[16] Siehe auch: Der Schöpfungsweg im Tierkreis.

sich das Getöse erhob, strömte die Menge zusammen und war ganz bestürzt; denn jeder hörte sie in seiner Sprache reden. Sie waren fassungslos vor Staunen und sagten: Seht! Sind das nicht alles Galiläer, die hier reden? Wieso kann sie jeder von uns in seiner Muttersprache hören ...? (Apg. 2,2-8)

In der Schilderung vom »Kommen des Heiligen Geistes« – als Folge der Auferstehung Jesu – wird uns die mit ihm verbundene Rückkehr der telepathischen Kommunikation beschrieben. Telepathie findet auf der geistigen Ebene Jupiters statt. Jupiter sendet und Pluto empfängt. Sie bedarf daher nicht der Sprache Merkurs auf der Körperebene. Da Tiere und Pflanzen nie das Urteilen begonnen haben, waren und sind sie sehr wohl in der Lage, telepathisch zu kommunizieren und auch unsere Gedanken (Jupiter) zu empfangen. Durch die urteilende Spaltung, die wir in unserem Geist betreiben, sind die Botschaften unserer Gedanken aber meist zwiespältig. Je mehr jedoch ein Mensch das Urteil in sich abgebaut hat, desto mehr kann er wieder mit der Natur telepathisch kommunizieren.

Da uns durch unser begrenztes Bewusstsein unsere Gedanken (Jupiter) erst durch die Umsetzung in Worte (Zwillinge-Merkur) auf der körperlichen Ebene bewusst werden, glauben wir vielfach in der Astrologie, der Bote (Zwillinge-Merkur) sei der Denker in uns. Er ist jedoch vollkommen damit ausgelastet, *Begriffe* (Worte) für Gegenstände und Erscheinungen zu bilden, mit denen wir unsere Gedanken anderen *begreif*lich machen können. Sie verwandelt er in der Kommunikation in entsprechende Bewegungen des Kehlkopfs (Schallwellen), des Gesichts (Mimik), des Körpers (Körpersprache) oder der Hände und Füße (Gestik). Denken ist Sache des Geistes und die Kommunikation mittels Sprache und Gestik Sache des Körpers.

Jeder Gedanke, der in uns auf der Körperebene in Worte gefasst wird, ist eine Tat. Selbst wenn wir ihn nicht vor anderen ausgesprochen haben, wird er dennoch zur verborgenen Tat. Sie hat, wie all unsere Taten, ihre Wirkung und Konsequenz (Karma).

Chiron, unser Lehrer auf der Heldenreise

In der griechischen Mythologie ist Chiron der Erzieher und Lehrer der »reisenden« Helden. Seine Schützlinge sind unter anderem Achilleus, Jason, Nestor, Odysseus, Theseus – und selbstverständlich auch wir. Das Problem seiner klassischen Schützlinge gleicht dem Problem von uns heutigen Menschen: Der mächtige Verstand (Jupiter) der Helden arbeitet unter begrenzten Bewusstseinsbedingungen (Saturn)[17].

Chiron ist der Sohn der Nymphe Philyra und des Kronos (Saturn). Die Nymphen sind Jungfrauen und Göttinnen der (unserer inneren) Quellen. Sie stehen damit in Analogie zu Neptun (Weisheit). Philyra und Saturn verwandeln sich vor ihrer Vereinigung in Pferde. Die Vereinigung findet auf der *Ebene des Pferdes* statt. Das Pferd ist ein Symbol des Schützen. Die Zeugung findet also auf der geistigen Ebene des Schützen statt. Entsprechend bekommt das Kind die symbolische Körpergestalt des Schützen, die des Kentauren. Sie ist ein erster Hinweis darauf, dass sich die zukünftige Aufgabe Chirons auf die geistige Ebene des Schützen bezieht.

Die aus der Zeugung resultierende »Energie« – Chiron – trägt neben den saturnalen Eigenschaften seines Vaters mütterliche Aspekte der Weisheit in sich. Chiron hat die Aufgabe, unser Verstandesfeuer (Jupiter) vom Urteilen (Saturn) zu erlösen (Neptun). Erlösung ist der Weg zur Heilung.

Es ist unser Ego, welches in urteilender Weise das Verstandesfeuer (Jupiter) nutzt und aus ihm lebt. Alles, was uns auf der irdischen Heldenreise begegnet, wird beurteilt, und es ist uns fast unmöglich, alles das, was ist, in seiner Ursprünglichkeit anzunehmen. Wie bei den Helden der Mythologie wird daher auch unser Leben zu einem ständigen Kampf gegen »etwas«. Durch ihn greifen wir unheilvoll in den Schöpfungsfluss ein. Dieses »Etwas«, gegen das wir kämpfen, ist die Begegnung mit den unbewussten Teilen unseres Selbst. Da dieser *äußere* Kampf in der Regel nicht zu mehr

---

[17] Siehe auch: Die Machtergreifung Jupiters

Bewusstheit führt, gleicht er dem Kampf des Don Quijote gegen die Windmühlenflügel (Miguel de Cervantes 1547–1616). Erst wenn wir begreifen, dass die »Auseinandersetzung« in unserem Inneren, in unserem Geist geführt werden muss und wir sie auch führen, löst sich unser Ego wieder in unserem Selbst auf.

All diese geistigen Probleme kennt Chiron auch. Er selbst leidet unter der Wunde, die urteilendes Denken im Selbst verursacht. Das Horoskop seiner Entdeckung[18] zeigt sehr deutlich das Anliegen, welches im Vordergrund seiner Persönlichkeit steht: Aszendent Schütze, das Zeichen Steinbock ist im 1. Haus eingeschlossen (Placidus-Häuser). Diese Konstellation verweist auf die Auseinandersetzung mit dem Verstand (Schütze) hin, in den das Urteilen (Steinbock) eingeschlossen ist. Chiron ist ein *Kentaur*. Er gleicht der Symbolgestalt des Schützen. Der Kentaur ist ein Wesen, das die Pferdegestalt mit dem menschlichen Oberkörper vereinigt. Er symbolisiert damit die Nahtstelle zwischen dem *geistigen* Menschen (menschlicher Oberkörper und Kopf) und dessen *seelisch-körperlicher* Erscheinung (Tier, Pferdekörper), zwischen Oberwelt (Himmel, Olymp, Fische bis Schütze) und der Unteren Welt (Unterwelt, Skorpion bis Widder) in uns (siehe Abb. 5).

Aus der Kentaurengestalt und der geschwisterlichen Verbundenheit mit Zeus (Jupiter) – Chiron ist sein Halbbruder – folgt, dass das Anliegen Chirons im Zusammenhang mit dem Tierkreiszeichen Schütze steht. Im Gegensatz zu Jupiter verfügt Chiron nicht über Pfeil und Bogen. Er ist also nicht derjenige, der wie der Feuerplanet Jupiter *aktiv* Gedankenimpulse produziert und ausstrahlt (Pfeile abschießt). Er will als Sohn der Nymphe (Neptun) uns gerade von den Problemen unserer »vergifteten Pfeile« (Glaubenssätze, Jupiters Schatten) erlösen und heilen (Neptun).

Zu diesem *Gift des Wissens* und Glaubens nimmt Johann Wolfgang von Goethe in der Tragödie FAUST Stellung, indem er den Schüler sagen lässt:

---

[18] Chiron wurde am 1.11.1977, 10:00 Uhr PST, in Pasadena, USA/CA, entdeckt.

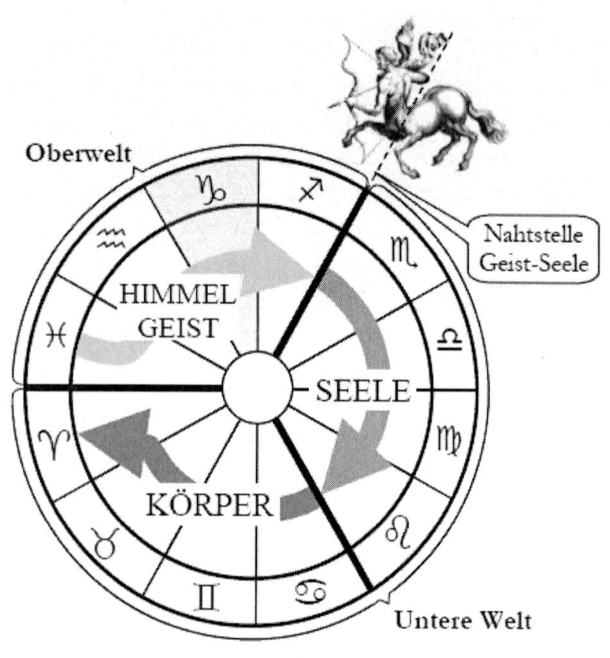

Abbildung 5: Die Dreiteilung des Tierkreises

> ... Fast möcht` ich nun Theologie studieren.

Worauf Mephistopheles (der Teufel) antwortet:

> Ich wünsche nicht euch irre zu führen. Was diese Wissenschaft betrifft, es ist so schwer, den falschen Weg zu meiden, es liegt in ihr so viel v e r - b o r g n e s G i f t , und von der Arznei ist`s kaum zu unterscheiden. ... [Hervorhebung v. Verf.]

Da Chiron der Sohn Saturns ist und er sich auf seiner Bahn um die Sonne teilweise diesseits von Saturn aufhält, kennt auch er das saturnale Urteilen und leidet unter ihm. Mythologisch zeigt sich dies in der unheilbaren Verletzung seines Knies (Saturn). Sie stammt von einem fehlgeleiteten und vergifteten Pfeil (♐) seines Freundes Herakles. Dass – neben Jupiter – Saturn die entscheidende Rolle bei der Verletzung Chirons spielt, darauf deutet der Ort seiner Wunde am Knie, dem astromedizinischen Körperbereich des Saturns. Die Wunde ist scheinbar unheilbar, da sie erst dann wirklich verheilt, wenn wir ihre Ursache, das Urteilen (die Schlange), überwunden haben.

Das Pfeilgift ist das Gift der Hydra (Saturn, Schlange). Der vergiftete Gedanken-Pfeil kann in diesem Zusammenhang als »urteilender Gedanke« verstanden werden. Giftig wird ein Gedankenpfeil dann, wenn er mit der Wirklichkeit (dem Wirk-Licht = Uranus) nicht übereinstimmt. Dies ist immer dann der Fall, wenn der Gedanke seinen Ursprung in einem Urteil hat. Es ist die resultierende bewusste oder meist unbewusste Lüge (Neptun-Hemmung), die giftig wirkt. Gerade seine Verletztheit macht Chiron zu unserem geeigneten Lehrer in Verstandesdingen. Als Sohn der Nymphe Philyra (Neptun) ist er weise. Als Sohn des Saturns unterliegt er – wie wir – dem Urteilen (Saturn).

Chirons Orbit überschreitet auf seinem Weg die Bahn Saturns und auch teilweise die des Planeten Uranus. Dadurch tritt er in Verbindung mit einer höheren geistigen Dimension. Der *potente* Uranus besitzt das Bewusstsein, dass jeder Teil der Schöpfung einer göttlichen Inspiration entstammt und ein Ganzes ist. Er steht für die Individualität, die Ungeteiltheit. Wenn wir ihm die Macht in unserem »Himmel« (= Bewusstsein) zurückgeben, lässt er uns erkennen, dass das GUTE *immer* eine zweite Seite besitzt, nämlich das BÖSE und umgekehrt. Beide Pole sind nicht voneinander zu trennen. Schaffen wir den einen Pol, indem wir die Einheit spalten (Saturn), so schaffen wir unbewusst immer den anderen mit. Wobei erst die Trennung in die beiden Pole eine scheinbar »teuflische« Welt entstehen lässt. Vereinigen wir die beiden Pole wieder miteinander, entsteht erneut die Einheit der göttlichen Schöpfung und sonst nichts!

Das Heiligtum des Zeus (Jupiters) ist in der griechischen Mythologie der Tempel auf der »Sonnenseite« des griechischen Berges Pelion (Pilio). An diesem Berg hat auch sein Halbbruder Chiron sein Heiligtum. Seine Höhle befindet sich allerdings auf der *Schattenseite* des Berges. Der gemeinsame Ort deutet ein weiteres Mal auf das beiden gemeinsame Tierkreiszeichen *Schütze*. Die Priester Jupiters entfachen dort ihr Verstandesfeuer, bilden mit ihm ihre pompösen Gedankenkonstrukte (Glaubenssätze) und Chiron kümmert sich um deren Schattenseiten.

Chiron und Prometheus

Chirons letztendliche Aufgabe in der Mythologie ist die Befreiung des Prometheus vom Felsen (Saturn). Prometheus steht für die Kraft in uns, die unerlaubterweise Jupiters geistiges Feuer entwendet und dieses im Dienst des Egos einsetzt. Wir Menschen nutzen das geistige Feuer (Schütze/Jupiter), um *vorauszudenken* und auf diese Weise unsere Angst vor dem, was die Schöpfung in Zukunft bringen mag, zu bewältigen. Prometheus heißt übersetzt, der *Vorausdenkende*. Das Feuer des Geistes heizt in der Folge unseren vorausdenkenden Verstand an, der von Zeus (Jupiter) selbst an den Felsen des Urteilens (Saturn) gefesselt wurde. Wieder bestätigt es sich: Wir können nicht denken, ohne zu urteilen! Wir verlieren den Bezug zum ewigen Hier und Jetzt und verlegen unser Sein in eine erdachte Zukunft.

Unser »Vorausdenken« hat aber weitere dramatische Folgen. Wir öffnen mit ihm die »Büchse der Pandora«. Pandora ist eine von Hephaistos im Auftrag des Zeus geschaffene Frau. Ihr Name lautet übersetzt: *Alles-Geberin*. In ihrer Büchse ist alles enthalten, was wir zu unserer Zukunft vorausgedacht haben. All unsere von Angst und Furcht getragenen Gedanken und Erwartungen haben sich in ihr angesammelt, nebst den mit ihnen verbundenen zaghaften Hoffnungen. Pandora öffnet die Büchse und gibt uns all das. Zum wiederholten Mal weist auch dieser Mythos uns darauf hin, dass alles, was wir denken, sich in unserem Leben manifestiert.

Chirons Anliegen in der Mythologie ist auch sein heutiges Anliegen in uns. Er will ebenso unsere Denk- und Glaubenssätze (Jupiter) – unser Sinn suchendes Denken – vom »Felsen« des Urteilens (Saturn) befreien. Denn nur im Zustand des Einverstanden-Seins kann der Reisende den Fluss der Schöpfung (Neptun) verstehen und daraufhin in seine Heimat zurückfinden.

Chiron ist wegen seiner uranischen und neptunischen Bewusstheit unsterblich. Diesen unsterblichen Teil überträgt er Prometheus, um ihn zu befreien. Der urteilende Teil aber, der in Verbindung mit dem Sündenfall (Saturn) steht und der ihm verbleibt, ist sterblich und so muss er im Mythos den Weg alles Karmischen durch die Unterwelt (Skorpion) gehen.

Reiseziel »Ägypten«

Das Ziel zu Beginn der Heldenreise ist die dichte Welt des Körpers (Stier). Mit der irdischen Geburt haben wir sie erreicht. Der Held erlebt sich in dieser Welt dreidimensional (Linie-Fläche-Raum). Seine körperlichen Sinnesorgane sind ebenfalls dreidimensional und deshalb in ihrer Empfänglichkeit auf die Materie fixiert. Außer ihr scheint in unserer Wahrnehmung nichts Weiteres zu existieren. Ein Zustand, in dem auch unsere Wissenschaften drohen stecken zu bleiben. Darüber hinaus ist der Held auf seiner Reise der Zeit (Saturn, vierte Dimension) unterworfen. Die Erfahrungen aus der Vergangenheit halten sein Ego im Griff und bestimmen seine Erwartungen und Ängste zur Zukunft. Nur in ganz seltenen Momenten weilt er bewusst in der einzigen Zeit, die wirklich existiert, im Jetzt.

Die Welt der Verkörperung (Stier-Venus) hat einen Vorteil für unsere Bewusstseinsentwicklung. Wir erleben unsere unbewusste innere Spaltung in der scheinbar konkreten äußeren Spaltung zwischen ICH und DU beziehungsweise zwischen dem eigenen Körper und den Körpern der anderen. Die Welt da draußen bin nicht ich, glaubt unser Ego. Obwohl unser SELBST sie unbewusst bewirkt hat. In ihr machen wir unsere »schicksalhaften« Erfahrungen. Dies dauert so lange, bis wir unser Licht (Uranus) entdecken und wieder entfalten.

Die Welt des Egos, in der das Urteil und der Verstand herrschen und die dichte Materie bestimmend ist, wird symbolisch »Ägypten« genannt. Sie ist fern der Liebe, aber voll Konkurrenz und Kampf. Astrologisch entspricht Ägypten einer Konstellation aus Stier-Venus, Jungfrau-Merkur, Schütze-Jupiter und Steinbock-Saturn, also dem Erd-Trigon, in dem der Verstand das Sagen hat.

Es ist auch das alttestamentarische Land, in dem die Israeliten – das »auserwählte Volk« – versklavt waren. Überall, wo wir unser Ego in Bindung an das Materielle leben, ist Ägypten und dort knechten wir alltäglich als Minderheit andere oder werden wir als Mehrheit von anderen geknechtet (Jungfrau-Merkur). So wie wir unsere Arbeit gesellschaftlich organisiert haben, gleicht sie mehr oder weniger offener oder verdeckter Sklaverei, die uns auch noch als Feld der Verwirklichung angepriesen wird. Damit der Mensch sich diese Lebensweise bieten lässt, wird er mindestens acht Jahre lang auf autoritären Schulen diszipliniert. Dort gewöhnt sich unser göttliches Wesen – welch ein Wahnsinn – an fremde Leistungsforderungen und stetige Be- und Verurteilung durch die Notengebung.

Das Leben in Ägypten gleicht dem Tanz um das GOLDENE KALB. Das ganze Leben ist um das Geld (-verdienen) herum organisiert. Vor den Tempeln des Geldes – den Börsen – steht heutzutage ein Stier. Die Börsen sind ja neben den Banken die Orte des Tanzes. Noch treffender zeigt die Darstellung der Anbetung des Molochs (siehe Abb. 6), was das Ego im Land Ägypten macht und von was es dort gefangen ist. Es ist vollkommen vom Stier-Dämon (Materie, vermeintliche materielle Sicherheit, Geld, Besitz) besessen. All seine tatsächliche Kreativität und wahren Schöpfungen – seine »Kinder« – ist das Ego bereit, diesem Dämon zu opfern.

Das Infame am Geldsystem besteht darin, dass es durch ein *Zinses-Zins-System* belastet ist, das der oberen Schicht einer Gesellschaft als perfekte Geld-Vermehrungsmaschine dient. Sie fordert zur Erwirtschaftung der Zinsen immer wieder ein exponentielles wirtschaftliches Wachstum, das aber natürlichen Begrenzungen unterliegt und daher turnusgemäß zusammenbrechen muss. In der Regel sind es Kriege, die für den Zusammenbruch vom Zaun gebrochen

Abbildung 6: Die Anbetung des Molochs – er verschlingt die Kinder, Charles Foster 1897

werden. Diese haben den Vorteil, dass durch sie die wahren Zusammenhänge verschleiert werden können und darüber hinaus von einer Minderheit riesige Gewinne erzielt werden können.

Noch ein weiteres Ungleichgewicht im Umgang mit dem Geld wurde von den Banken geschaffen. Der normale Bürger muss seine Geschäfte mit Vollgeld[19] tätigen. Dessen Schöpfung ist den Nationalbanken vorbehalten, die dessen Umfang mit der Wirtschaftsleistung des jeweiligen Landes abgleichen. Nimmt der Bankkunde einen Kredit auf, dann hat er auf die ganze Kreditsumme Zinsen zu entrichten. Die Banken dagegen können mit *Giralgeld* arbeiten. Es ist zinsfrei und entsteht durch einen reinen Buchungsvorgang bei der Kreditvergabe der jeweiligen Bank. Sie muss hierzu kein Eigenkapital einsetzen. Die Bank muss lediglich ein Mindesteigenkapital[20]

---

19 *Vollgeld* ist ein von den Zentralbanken herausgegebenes Geld, das mit den wirtschaftlichen Leistungen der jeweiligen Länder in Einklang steht.

20 Die Eigenkapitalquote der Schweizer Großbanken lag 2006 bei 4%; Quelle: https://blog.hslu.ch/retailbanking/2016/05/02/eigenkapitalquoten-der-schweizer-banken-im-historischen-kontext/

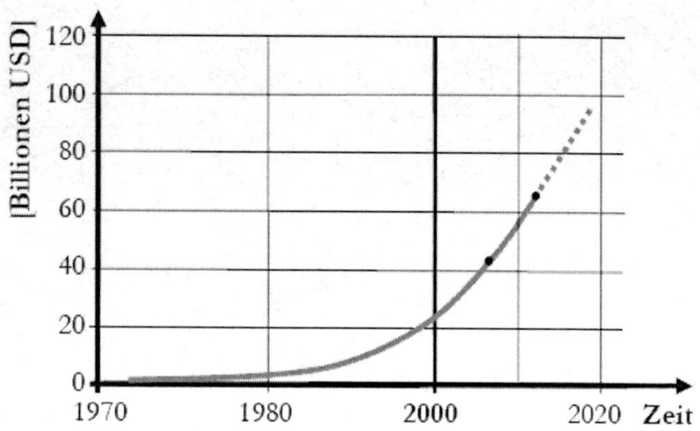

Abbildung 7: Wachstum der Weltgeldmenge M3 (extrapoliert), (1 Billion = 1000 Milliarden)

von ca. 4 % (2006) der vergebenen Kreditsumme vorhalten. In den Zeiten der Bankenkrise (2007) lag dieser Prozentsatz bei vielen Banken noch tiefer.

Um beim »Geld-Monopoly« mithalten zu können, lässt unser Ego seine ganze Schaffenskraft zunächst in das Geldverdienen fließen. Zum einen, um den Lebensunterhalt zu sichern, und zum anderen stellt es sie in den Dienst der Vermehrung des materiellen Reichtums, sei es des eigenen oder – als lohnabhängiger »Sklave« – des der anderen.

Das Geld und der materielle Besitz (Stier-Venus) werden zur Religion (Venus-Jupiter-Saturn). Dies ist leicht am Wachstum der Welt-Geldmenge[21] zu erkennen (siehe Abb. 7). Die Geldmenge M3 setzt sich aus dem Bargeld, allen Einlagen und allen spekulativen Geldern zusammen. Was daran auffällt, ist die exponentielle Steigerung mit Ende des alten und Beginn des neuen Jahrtausends. Bedenklich stimmt hierzu die Prophezeiung des Johannes von Jerusalem (vermutlich 1042–1119) zu Beginn des vorigen Jahrtausends:

---

[21] Quelle der Punkte: CLSA aus FINANZ UND WIRTSCHAFT; 2007 ca. 43 Bio. USD, 2012 ca. 66 Bio. USD

Wenn das Jahrtausend [2000] beginnt, das nach dem Jahrtausend kommt, wird der Mensch vor dem dunklen Eingang zu einem undurchdringlichen L a b y r i n t h stehen.

Und in der Tiefe dieser Nacht, in die er eintreten wird, sehe ich die roten Augen des M i n o t a u r u s .

Hüte dich vor seiner grausamen Wut, du, der du in dem Jahrtausend lebst, das nach dem Jahrtausend kommt. [Einfügung u. Hervorhebung v. Verf.] [22]

Über das Wesen des Minotaurus erfahren Sie im Zusammenhang mit dem reisenden Theseus im folgenden Kapitel mehr.

Die Verquickung von Ägypten mit dem Thema und dem Tierkreiszeichen Stier mag dem Stierzeitalter entspringen, das etwa von 4600-2440 v. Chr. dauerte. In dieser Zeit war die Ägyptische Kultur (vordynastische Zeit, Altes Reich) aus unserer abendländischen Perspektive vorherrschend. *Spirituell,* aber nicht machtpolitisch endete sie mit dem Verrat ihrer Mysterien in der IV. Dynastie (ca. 2500 v. Chr.).

Wie es dem Menschen der Neuzeit in Ägypten geht, hat der Germanist und Dichter der deutschen Nationalhymne, August Heinrich Hoffmann (von Fallersleben, 1798–1874) 1848 sehr treffend im Revolutionslied DEUTSCHE VERZWEIFLUNG zum Ausdruck gebracht:

In Angst und bürgerlichem Leben
wurde nie eine Kette gesprengt.
Hier muss man schon mehr geben,
die Freiheit wird nicht geschenkt.

Es sind die glücklichen Sklaven
der Freiheit größter Feind,
drum sollt Ihr Unglück haben
und spüren jedes Leid.

---

[22] Johannes von Jerusalem, Das Buch der Prophezeiungen. Zukunftsvisionen eines großen Sehers für das dritte Jahrtausend. Das Quellenbuch des Nostradamus, München 1995

Nicht Mord, nicht Brand, nicht Kerker,
nicht Standrecht obendrein;
es muss noch kommen stärker,
wenn's soll von Wirkung sein!

Ihr müsst zu Bettlern werden,
müsst hungern allesamt,
zu Mühen und Beschwerden
verflucht sein und verdammt.

Euch muss das bisschen Leben
so gründlich sein verhasst,
dass Ihr es fort wollt geben
wie eine Qual und Last.

Erst dann vielleicht erwacht noch
in Euch ein bess're Geist,
der Geist, der über Nacht noch
Euch hin zur Freiheit reißt!

Auch der »Verlorene Sohn« wurde durch sein Leid daran erinnert, woher er kam und wohin er zurückkehren wollte: zum »bess'ren Geist« (Uranus), der nur in der Freiheit unseres Bewusstseins lebendig werden kann.

Theseus und der Minotaurus

Im griechischen Mythos muss sich auch Theseus auf seiner Heldenreise mit dem Stier-Thema – der Verkörperung und materiellen Verstrickung – auseinandersetzen.

Dem Mythos zufolge wurden Minos und seine zwei Brüder von Asterios, dem König von Kreta, adoptiert. In der Frage, wer dessen Nachfolge als König antreten sollte, kam es zum Streit zwischen den Brüdern. Minos bat in diesem Zusammenhang Poseidon um ein Zeichen und versprach, was immer ihm aus dem Meer erschiene, es dem Gott wieder zu opfern. Poseidon schickte ihm einen prächtigen weißen Stier. Dieses Zeichen beendete den Streit um die Nachfolge und Minos wurde König von Kreta. Der Stier gefiel ihm allerdings so gut, dass er – entgegen seinem Versprechen – ihn nun nicht opferte, sondern einen anderen Stier darbringen ließ.

Poseidon wollte sich für den Betrug rächen und weckte in Minos Gemahlin Pasiphae das Verlangen, sich mit dem Stier sexuell zu vereinigen. Als Frucht dieser Vereinigung gebar sie ein menschenfressendes Ungeheuer: den Minotauros, ein Mischwesen mit menschlichem Körper und einem Stierkopf, der uns unmittelbar an den Moloch erinnert. Minos ließs vom genialen Kunsthandwerker Daidalos (Dädalus) ein Labyrinth bauen, in dessen Zentrum der Minotauros fortan lebte. Diesem wurden turnusmäßig sieben Jünglinge und sieben Jungfrauen – Tribut der Athener an Kreta – geopfert. Theseus, der zu dieser Zeit in Athen weilte, schloss sich den jungen Menschen, die geopfert werden sollten, an. Er wollte gemeinsam mit ihnen ins Labyrinth zum Minotaurus hinabsteigen und die Opferung verhindern.

Wer wirklich Vater des Theseus war, liegt im Dunkeln. War es der athenische König Aigeus oder war es Poseidon (Neptun)? Beide schliefen sie mit seiner Mutter Aithra. Kurz danach verließ Aigeus Aithra, hinterließ aber ein Schwert, das er unter einem gewaltigen Steinblock verbarg. Theseus erfuhr erst später von seiner Mutter Aithra, wer sein Vater sei und was dieser für ihn hinterlegt habe. Als er stark genug war, rollte er den Steinblock zur Seite und nahm das Schwert an sich.

Den Stein und das Schwert kennen wir aus einer anderen Sagenquelle. Ähnliches schildert unter anderem die Artus-Sage des europäischen Mittelalters. In ihr schmiedete der Zauberer Merlin ein herrliches Schwert und trieb es in einen gewaltigen Stein. Nur der wahre König kann dieses Schwert *Excalibur* (vom Stein befreit) wieder aus dem Stein ziehen. Was für andere unmöglich erschien, gelang Artus ohne Mühe.

Beide Mythen bringen symbolisch dasselbe zum Ausdruck. Das Schwert steht für die Tatkraft (Mars) des Menschen und die daraus resultierenden Früchte (Feuerelement). Der Stein steht für dessen Ego (Saturn), das seine Kraft im Kampf gegen den anderen einsetzt, um ihn zu besiegen. Wer auf diese Weise seine Kraft einsetzt, dessen Schwert ist nicht frei! Es ist im Ehrgeiz (Saturn = Stein) gebunden. Nur derjenige verfügt wahrhaft über seine Kraft, der sich vom Urteil (Saturn = Stein) befreit hat und sie ohne egoistische Strebungen im Dienst seines wahren Selbst einsetzt. Er ist dann zum wahren König über das Reich seines Selbst geworden.

Derart geistig entwickelt – er konnte ja das Schwert vom Steinblock befreien – stieg Theseus mit den Jungfrauen und Jünglingen hinab ins Labyrinth. Damit er wieder aus dem Labyrinth herausfinden könnte, gab ihm Ariadne, die Tochter des Minos, in tiefer Liebe zu ihm ein Fadenknäuel, den »Ariadnefaden«. Ariadne symbolisiert in diesem Zusammenhang die weibliche Kraft (Neptun) des Fische-Zeichens. Sie ist des Theseus Religio (Rückbindung). Theseus spulte beim Abstieg (Involution) den Faden ab und blieb auf diese Weise stets mit seiner Herkunft verbunden (Religio). Mithilfe des Fadens fand er den Rückweg (Evolution) aus dem Labyrinth.

Im Zentrum des Labyrinths traf er auf ein menschliches Dasein, das vom Stierthema (materieller Besitz, materielle Sicherheit, ansammeln von materiellen Werten) besessen war: auf die Lebensart des »Minotauros«. Dieses Dasein haben wir schon in anderen Mythen als Leben in Ägypten kennengelernt. Es war ja entstanden, als sich die weibliche Seite des Minos – seine Gemahlin ist ja die Projektion der unbewussten weiblichen Seite des Minos – mit der Schönheit der materiellen Welt und dem Reichtum (Stier) identifizierte und daraus eine Lebendigkeit gebar (Minotaurus), die kopfgesteuert reinen Materialismus lebt: *Haben* verhinderte das *Sein*. Auch Theseus war ursprünglich von dieser Art zu leben gänzlich eingenommen. Wollte er heimkehren (Evolution[2]), musste er diese Besessenheit überwinden (töten). Zum Ende seiner Reise durch das Lebenslabyrinth gelang es Theseus, seinen inneren Minotaurus zu töten (siehe Abb. 8), die Opferung der Kinder zu beenden und dem Labyrinth zu entkommen

In jedem lebt im Zusammenhang mit materiellem Reichtum ein

Abbildung 8: Theseus tötet den Minotaurus im Zentrum des Labyrinths

solcher »Minotauros«. Um dessen Lebensstil zu erlangen, ist unser Ego bereit – gleich dem Kult des Molochs – den Stier (Reichtum) anzubeten und die Kreativität und Verwirklichung der Schöpfungen seines Selbst (Kinder: 7 Jünglinge [Sonne] und 7 Jungfrauen [Mond]) zu opfern. Die Zahl 7 steht für die Vollendung des Menschen. Sie weist uns darauf hin, dass unsere Vollendung sowohl im Männlichen als auch im Weiblichen dem Leben als Minotaurus geopfert wird. Gleichzeitig manövriert sich das Ego immer tiefer in ein Labyrinth, dessen Mauern sich aus materiellen Ängsten und Sicherheitsbedürfnissen bilden. In unserer Zeit zeigt der »Minotaurus« sein hässliches Gesicht im Feudalismus, im Anschluss daran im Kapitalismus und in der Plutokratie (Herrschaft der Reichen). Um dieser »ägyptischen Gefangenschaft« zu entkommen, muss letztendlich jeder seinen inneren Minotaurus töten.

Theseus und das Bett des Prokrustes

Die Überwindung Saturns (Satan) steckt auch im griechischen Mythos des Riesen Prokrustes. Übersetzt bedeutet sein Name »Ausstrecker«. Prokrustes bietet allen Reisenden, die bei ihm vorbeikommen, sein Bett an. Sind diese für das Bett zu lang, kürzt er deren Gliedmaßen mit einem Beil, sind sie zu kurz, dann hämmert er sie auf einem Amboss, um sie zu strecken.

Ebenso wie im alten Griechenland wirkt Prokrustes auch in unserem Sein und wir werden in sein Bett gelegt. Das Bett ist eine Metapher für Geborgenheit (Mond). Mit einer Situation, in der wir uns geborgen fühlen, identifizieren wir uns. Sie ist also Identität stiftend. Heutzutage werden die Kinder, damit sie sich mit den vorgefundenen Verhaltensregeln identifizieren, in entsprechende Verhaltensrahmen gepresst. Diesen Vorgang sehen wir als notwendige Erziehung (Saturn) zu normalen (genormten) Bürgern. In der Anwendung der Mittel, um dieses Ziel zu erreichen, war und ist man nicht zimperlich. In vielen Selbsterfahrungsgruppen schilderten mir Teilnehmer und Teilnehmerinnen beispielsweise vom lang andauernden Knien auf den Kanten von Holzscheiten als Erziehungsmaßnahme.

Die Norm (Saturn), die eine Form vorgibt, welche in der Regel der Individualität des Kindes in keinster Weise gerecht wird, wird zur Identität und die wahre Identität wird dabei verformt und verstümmelt. Eine beliebte äußere »Verstümmelung« ist der Haarschnitt. In vielen Kulturen war langes Haar ein Zeichen von Freiheit und Würde. Beim Militär (Mars-Saturn), in dem Freiheit und Würde nicht allzu viel zählen, wird es möglichst kurz gehalten. Sklaven und Gefangenen dagegen schor man den Kopf kahl. Die Bezeichnung als »Gescherter« gilt beispielsweise in Süddeutschland als Beleidigung. Den jungen holländischen Frauen, die sich während des Zweiten Weltkrieges mit deutschen Soldaten einließen, schor man zur Bloßstellung und Demütigung mit Gewalt die Haare. So verwundert es kaum, dass sich auch Führungskräfte in der

Wirtschaft, als unbewusste Geste der Unterwerfung unter das herrschende Kapital (Stier), ihren Schädel freiwillig rasieren.

Nicht mehr das Wohlgefühl (Mond) ist dem Kind zunehmend wichtig, sondern die Anerkennung (Saturn) durch Autoritäten (Saturn). Aus der Anerkennung bildet es sich einen Wohlfühl-Ersatz. Schüler beziehen ihn aus der Notengebung, Studenten aus dem Numerus clausus, Gläubige aus dem rechten Glauben, Parteigänger aus der Anerkennung durch die Mächtigen und selten auch mal durch das Volk und die Wissenschaftler aus den etablierten, interessengeleiteten Wissenschaften.

Im Hintergrund wirken immer Maßstäbe, die vom URTEIL (Saturn) abgeleitet sind. Sie bewirken die Illusion, dass nur eine Seite oder Form richtig bzw. gut sei. Oft schleichen sie sich scheinbar harmlos in unser Leben. Wir vergleichen gerne das eine mit dem anderen. Die Folge: »*Das Bessere ist der Feind des Guten*« (Voltaire 1694–1778). Aus dieser Perspektive versuchte schon der Engel Luzifer (Lichtträger), die Schöpfung zu verbessern und wurde zum Satan (Saturn). Dieses Ereignis ist als Engelsturz in die Mythologie eingegangen.

Auf dem Wege zu seinem Königtum in Athen hat Theseus auch diese Bewusstseinsschwelle (Saturn) überwinden müssen. Er tötete Prokrustes (in sich) und wurde den Athenern ein weiser Herrscher.

Die Reise des Mithras

Auch in der zentralen Gestalt der Mithras-Kultes begegnen wir Mithras als Reisendem. Die Herkunft der Mithras-Religion liegt im Dunklen. Ihren Ursprung hat sie vermutlich in Indien und im Persischen Reich. Die frühesten Zeugnisse gehen in das 14. Jh. v. Chr. zurück. Die Informationen zu dieser Religion sind spärlich. Vieles entstammt der Fantasie der Archäologen, da sich diese Mysterien-Religion mit vielen Geheimnissen umgab. Geheimnisse erhöhen immer den Reiz auf unser Ego, sich mit ihnen zu befassen, um einen vermeintlichen informellen Vorsprung zu erringen und

Abbildung 9: Der indisch-persische Lichtgott Mithras mit Cautopates (li.) und Cautes (re.)

»besser« als die anderen – in diesem Fall »spiritueller« – zu erscheinen.

Um die Zeitenwende war der Mithraismus über das gesamte Römische Reich (Westeuropa, Balkan, Griechenland, Kleinasien, Nordafrika) verbreitet und er hatte seinen Höhepunkt im 2. und 3. Jh. n. Christus. Viele seiner Riten glichen denen des aufkommenden Christentums. Obwohl viel älter als die christliche Religion, unterlag der Mithraismus im 4. Jh. n. Chr. dem ihm so ähnlichen Christentum, als dieses 380 n. Chr. zur alleinigen Staatsreligion im römischen Reich erhoben wurde.

Am Ende des Stierzeitalters begann man in Ägypten (4. Dynastie, ca. 2500 v. Chr.) GOTT als das Allumfassende in die materielle Sichtbarkeit herabzuziehen. Gott ist fortan nicht mehr das Grenzenlose Licht, das neben Allem auch die Sonne geschaffen hat, sondern die Sonne selbst wurde zu Gott. Dieser Schwenk zur Sonne hin, die ja eine rein männliche und materielle Energie symbolisiert und damit niemals das Ganze sein kann, passt besonders gut zum

Patriarchat, das im Widderzeitalter (ca. 2440–280 v. Chr.) das Matriarchat des Stierzeitalters verdrängte. Hieraus entwickelte besonders der Pharao Echnaton (1351–1334 v. Chr.) eine Art Monotheismus. Die Sonnenscheibe *Aton* wurde zum obersten Gott im ägyptischen Götterhimmel.

Unter dem Einfluss des Zeitgeistes des Widder-Äons ist es dann kein Wunder, dass Mithras ebenfalls zum Sonnengott mutierte. Man verehrte ihn – wie auch später Christus – fortan als *Sol invictus* (unbesiegte Sonne) und die Ausstrahlung, die ihn umgab – sein Strahlenkleid – verwechselte man mit den Strahlen der Sonne. Ähnlichem begegnen wir auch in der Astrologie, in der bestimmte Fraktionen die Sonne zum göttlichen bzw. geistigen Wesenskern des Menschen erklären. Diesen Irrtum können wir aber gerade über die Symbolik der Mithras-Religion erkennen und korrigieren.

In den meisten der Mithräen – die Mithras-Tempel waren unterirdische Gewölbe – befand sich über dem Altar ein Steinrelief, das den göttlichen Menschen Mithras auf einem Stier kniend zeigt (siehe Abb. 9). Das Relief zeigt Mithras in drei verschiedenen Stadien seiner Reise durch die materielle Welt (Stier).

Im Hauptteil des Reliefs ist der Blick von Mithras rückwärts gewandt, als Ausdruck seines Strebens, dorthin zurückzukehren, woher er kommt. Die Drehung seines Kopfes nach hinten ist bei vielen Reliefs sehr viel stärker als auf der gezeigten Abbildung dargestellt. Die kleine linke Abbildung zeigt ihn, wie sich seine Fackel (sein Licht) beim Abstieg in die Welt des Stieres – in die Welt der *Dunkelheit* – neigt. Der Moment ist vergleichbar mit der Situation, als der Prinz im Perlenlied sein Strahlenkleid ablegt. Mithras wird in diesem Stadium der Name Cautopates gegeben. Cautes kann man vom griechischen καί αυτός ableiten und lautet übersetzt *und derselbe*. »Pates« leitet sich von πάσχειν ab: *erleben, erleiden*. Cautopates ist »derselbe Mithras, der hinabsteigt, um zu erleben und zu erleiden«.

Aus der Welt des Geistes in das Reich des Stieres hinabgestiegen, setzt er sich mit der Welt der Materie auseinander. Seine Tatkraft (Messer, Mars) ist auf den Hals des Stieres gerichtet. Sowohl der Stier selbst als auch der Hals des Stieres deutet in doppelter Weise

– der Hals ist dem Tierkreiszeichen Stier zugeordnet – auf sein Wirkungsfeld: die irdische Körperwelt (Stier-Venus). Das Messer kann nun zweifach gedeutet werden. Zum einen als Tatkraft (Mars) und zum anderen als Tötungsinstrument. Im Vordergrund steht jedoch nicht die Tötung, sondern die Tatkraft, die ihn – den Menschen – im Materiellen mit seiner Körperkraft wirken lässt. Dies wird noch dadurch bestätigt, dass bei manchen Darstellungen Ähren aus der »Wunde« am Hals wachsen. Während dieser Zeit ist sein Licht (Fackel) noch vorhanden. Es brennt jedoch auf obiger Darstellung unbeachtet an einem Baum hängend im Hintergrund. Auf der Ebene des Stiers ist das Bewusstsein des Mithras begrenzt. Hierauf verweist die dem Ganzen zugrunde liegende Schlange (Saturn). Es ist die Schlange, die uns im Sündenfall-Mythos begegnet, uns zum Urteil verführt hat und uns daraufhin die Schöpfung in Gut und Böse hat spalten lassen. Mithras erging es auf seiner Reise in die Stierwelt nicht anders als uns Menschen. Sein Bewusstsein hat sich verdunkelt. Will er wieder in seine ursprüngliche Heimat zurück, muss er den Stier – die materielle Welt – überwinden (töten).

In der früheren Mithras-Forschung war die Auffassung weit verbreitet, dass die Stiertötung (Tauroktonie) als heiliger Akt den eigentlichen Kern der Religion ausmache: Mithras opfere den Stier zur Erneuerung der Welt. Diese Auffassung klingt ähnlich absurd wie die der christlichen Religion, nach der der Sohn Gottes vom Menschen umgebracht wurde, um Gott mit den Menschen zu versöhnen. Archäologen fanden jedoch in den Mithräen keinen Hinweis auf rituelle Stieropferungen (Taurobolien). Offenbar haben die Forscher, geblendet von der materiellen Sicht, die *Symbolik* des Stiers nicht vollständig verstanden: Stier ist das Symbol für die körperliche (materielle) Welt des Menschen und seine Verkörperung in ihr. Auch die Symbolik des Messers wurde nicht in ihrer Tiefe erfasst. Das Messer kann zwar als tödliche Waffe eingesetzt werden, ist aber normalerweise – ebenso wie das Schwert – ein Symbol für die menschliche Tatkraft (Mars). In der Darstellung steht es eher für die Bearbeitung des Grund und Bodens (Stier) durch den Menschen, auf dem Früchte wachsen sollen, und die Gestaltung der materiellen Welt, um das zu erhalten, was der Mensch glaubt, im materiellen Leben zu benötigen. Nur zum Schluss der Reise kann das Messer (die Tatkraft) auch zur Überwindung der Stierwelt eingesetzt werden.

Rechts vom großen Relief wird Mithras nach der Überwindung des Stiers gezeigt, wie er »aufgestiegen« sein Licht (Fackel) wiederaufrichtet bzw. wie der Prinz im Perlenlied sein »Strahlenkleid« wieder anzieht. Er wird Cautes genannt, was soviel bedeutet wie: und *derselbe* Mithras, diesmal am Ende seiner Reise.

Das göttliche Licht im Menschen

Die Astrologie bietet uns einen wunderbaren Schlüssel, um die Essenz der Mithras-Religion zu verstehen. Die meisten der bekannten Steinreliefs über den Altären in den Mithräen haben das »Fixe Kreuz« des Tierkreises als Grundstruktur. Es wird aus dem Stier, dem davorliegenden Löwen, dem Skorpion an den Geschlechtsteilen des Stiers und dem Lichtgott Mithras gebildet, der daraufhin eindeutig dem Wassermann-Uranus zuzuordnen ist (siehe Abb. 9 und 10).

Die Gestalt des Mithras zeigt es uns: Der also ist wahrer und lebendiger Mensch, der in Freiheit, Gleichberechtigung und Ungeteiltheit seine göttliche Inspiration (Uranus) lebt, der aus seinem Licht lebt und sein Licht (Uranus) nicht mehr unter den Scheffel stellt (Mat. 5,15). Der wahre Mensch ist Geist. Die göttliche Inspiration ist die Perle (Uranus), nach der der Prinz im Meer (Neptun) Ägyptens sucht, die aber dort von der Schlange (Saturn) bewacht wird. Diese Zusammenhänge beleuchtet auch das Gleichnis von der kostbaren Perle im Neuen Testament:

> ... Wiederum gleicht das Reich der Himmel einem Kaufmann, der schöne Perlen suchte; als er aber eine sehr kostbare Perle gefunden hatte, ging er hin und verkaufte alles, was er hatte, und kaufte sie. (Mat. 13,45)

Das Himmelreich ist der Bewusstseinsraum in jedem einzelnen

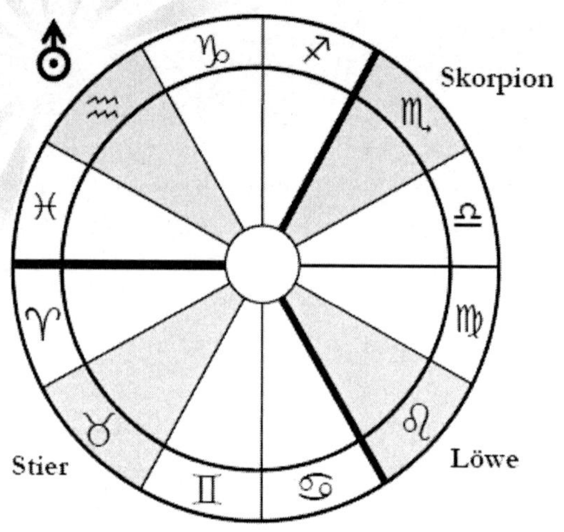

Abbildung 10: Das fixe Kreuz des Tierkreises

Menschen, in dem sich die Schöpfung entfaltet. Aus der astrologischen Perspektive erstreckt sich dieser Raum über das geistige Drittel des Tierkreises (Fische, Wassermann, Steinbock, Schütze). Die wirkliche Schöpfung entfaltet sich dort aus dem von Uranus initiierten göttlichen Plan (Inspiration, Einhauchung, Atem Gottes, Luftelement). Er ist die köstliche Perle, nach der wir suchen. Bei den Schöpfungen unseres Egos, die vom Jupiter, unserem Verstand, in Verbindung mit dem Saturn erschaffen werden, mögen hie und da halbwegs gute Perlen dabei sein, aber nie eine köstliche. Wenn wir sie gefunden haben, müssen wir alles andere loslassen (verkaufen), damit in unserem Bewusstseinsraum allein Platz für die göttliche Inspiration ist.

Bis zur Entdeckung des Planeten Uranus durch Friedrich Wilhelm Herschel (13.03.1781, 22:30 Uhr, Bath, England) war Saturn der unumstrittene Herrscher über die Grenzen unseres Bewusstseins und damit auch die Grenzen der Astrologie. Bis dahin herrschte er über die geistigen Zeichen Wassermann und Steinbock, jedoch in sehr unterschiedlicher Art und Weise. Im Zeichen Wassermann ist er von fixer Qualität, dem Luft-Archetypus zugehörig und damit in seiner Wirkung männlich aktiv: Ein dauerhafter Aktivitätsimpuls, der von einer Information ausgeht. Im Zeichen Steinbock dagegen ist Saturn von kardinaler Qualität, also in seiner Initiative auf das Hier und Jetzt bezogen, dem Erd-Archetypus zugehörig und daher weiblich empfangend. Das Erdelement ist von seiner Urqualität *kalt* und *trocken.* Ihm geht es also um *Empfang* und *Trennung* vom Ganzen. Saturn *empfängt* den Aktivitätsimpuls und gibt dem Impuls im ewigen Jetzt eine entsprechende und vom Ganzen *getrennte* Form. Zur Schaffung der Formen konzentriert er die Energie des Energiefeldes, das zu diesem Zweck als »wüstes und leeres Erdelement« in der Latenz existiert[23].

Die klassischen Astrologen wahren nach wie vor die Tradition. Sie scheuen sich mehr oder weniger, Saturn als Herrscher des Wassermanns zu entmachten und dafür Uranus einzusetzen. Sie deuten Saturn in seiner »alten« Rolle und als Hüter der (Bewusstseins-) Schwelle. Dabei leiten sie jedoch dessen Deutung meistens aus dem Erdzeichen Steinbock ab[24], ohne ihn auch in seiner Gegensätzlichkeit, zugehörig zum Luftzeichen Wassermann, zu beschreiben.

Mir scheint es wichtig zu erkennen, dass die Entdeckung des Uranus und nachfolgend Neptuns und Plutos einen *kollektiven Bewusstseinssprung* des Menschen einläutet, der durch diese Planeten sichtbar wird! Er hat zum Ziel, dass wir aus dem bleiernen Schlaf (Saturn) aufwachen und uns der Perle (Uranus), die wir aus dem Meer (Neptun) holen müssen, bewusst werden. Die Begrenzungen (Saturn) unseres Bewusstseins beginnen seitdem zu bröckeln.

Nicht zufällig kam es in der zeitlichen Folge im europäischen

---

23 Siehe hierzu den Schöpfungsmythos AT 1. Mo. 1,2: »Im Anfang schuf Gott Himmel und die Erde. Und die Erde war wüst und leer, und Finsternis war über der Tiefe; und der Geist Gottes schwebte über dem Wasser.«

24 Siehe beispielsweise Karl Brandler-Pracht, Die astrologische Synthese; Erik van Slooten, Traditionelle Horoskopdeutung; oder Rafael Gil Brand, Lehrbuch der klassischen Astrologie.

Kulturkreis zur Französischen Revolution (1789–1799). Als zentralen Inhalt transportierte sie die Freiheit und Gleichberechtigung (Uranus) jedes Menschen. Ihr Verlauf zeigte aber auch, wie stark die restaurativen Kräfte (Saturn) des individuellen und kollektiven Egos waren und bis heute noch sind. Zu Ende der Revolution obsiegten die Besitzinteressen (Stier-Venus) der Bürger und 1804 krönte sich Napoleon Bonaparte zum Kaiser der Franzosen. Zwar verstand er sich nicht mehr als »Herrscher von Gottes Gnaden«, sondern als Volkssouverän. An ihm wurde sichtbar – als Projektionsfigur des Volkes – wie sich das Ego (Saturn) wieder die Macht gegenüber dem Individuum (Uranus) zurückerobert beziehungsweise bewahrt hat.

Die moderne westliche Esoterik entfaltete sich mit der Gründung der Theosophischen Gesellschaft (1875) durch Helena Petrovna Blavatsky (1831–1907) und Henry Steel Olcott (1832–1907). Sie eröffnete unter dem Einfluss weltweiter spiritueller Lehren einem breiten Personenkreis die Bedeutung einer persönlichen spirituellen Entwicklung. Die Bedrohung für die etablierten Kirchen und die geisteswissenschaftlichen Kreise versuchten diese dadurch abzuwehren, dass sie die Esoterik der Wahrsagerei und als Nährboden für den Rechtextremismus bezichtigten und weiterhin bezichtigen.

Auch die Integration Chirons in die astrologische Deutung, der ja mit seiner Bahn in die uranische Dimension (Planetenbahn) vordringt, verweist darauf, dass das uranische Thema immer mehr an Gewicht im Leben der Menschen bekommt. Wir beginnen uns mehr und mehr, der Existenz und Bedeutung der göttlichen Inspiration (Licht, Uranus, Jesus, Mithras) bewusst zu werden.

Ein Meilenstein in der Physik weist seit den 1920er-Jahren in die gleiche Richtung. Die Entdeckung des Photons als masseloses Lichtquant und Informationsvermittler im atomaren Gefüge und auf einer tieferen Stufe als Bio-Photon im intra- und extrazellulären Raum lebendiger Strukturen. Diese Biophotonen sind ein wichtiger Baustein unserer Ernährung. Ihre informelle Strahlung ist um so stärker, je frischer und lebendiger die aufgenommenen Nahrungsstoffe sind. Es ist zu vermuten, dass unser Mund (Mond), indem er die Nahrung umschließt, das Empfangsorgan dieser Photonen ist. Von ihm werden sie resorbiert und dem feinstofflichen Organismus zugeführt.

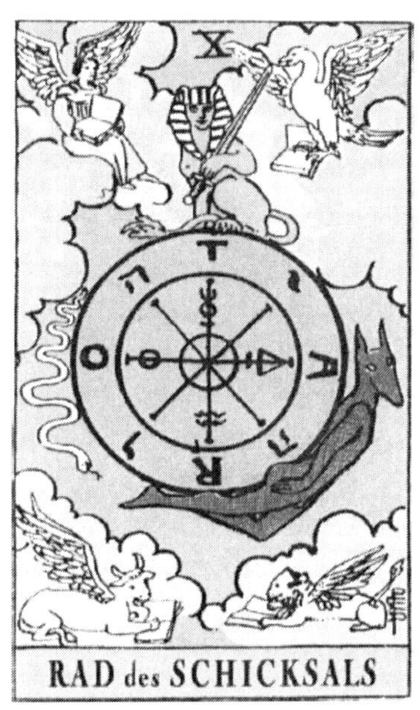

Abbildung 11: Tarotkarte X

Zurück zur Symbolik des wahren Menschen. Gleichfalls beschreiben die Tarotkarten die Reise des Menschen. Die Karte *Rad des Schicksals* (siehe Abb. 11) zeigt uns eine ähnliche Situation, in der sich Mithras auf dem mittleren Relief befindet (Abb. 9). Wieder begegnen wir der Symbolik des *Fixen Kreuzes.* Auch lässt das symbolische Ägypten (Stier-Venus/Saturn) in der Gestalt der Sphinx schön grüßen. Die Schlange der Verführung (Saturn, links im Bild) ist am Werk und die Erfahrungen, die mitten auf der Reise gemacht werden, tragen das Schicksalhafte in sich. In diesem Teil der Reise ist der Mensch an das *Rad des Schicksals* gebunden, das ihn herumwirbelt und mal oben und mal unten im Leben existieren lässt. Die Bücher, welche die Vertreter des Fixen Kreuzes – der Stier, der Löwe, der Geier/Adler (Skorpion) und der Engel (Wassermann) – vor sich liegen haben, zeigen, dass in dieser Bewusstseinsstufe auf allen Ebenen (Körper, Seele, Geist) das Leben studiert wird. Auch im Tarot repräsentiert Wassermann-Uranus den wahren geistigen Menschen.

Die Bedeutung der Symbolik des fixen Kreuzes wird auch dadurch unterstrichen, dass die vier Evangelien des Neuen Testaments ebenfalls den vier Tierkreiszeichen zugeordnet sind: Der Stier ist das Symbol des Lukas-Evangeliums, der Löwe das des

Markus-Evangeliums, der Skorpion das des Johannes-Evangeliums und der Wassermann das des Matthäus-Evangeliums.

Formen des Lichts

Das Licht ist die wichtigste Metapher für das Göttliche. Gott ist das Urlicht, in dem es keine Dunkelheit und keine Schatten gibt. Alles was ist, entstammt diesem Licht, so auch der Lichtgott Mithras. Von dem Mystiker und Philosophen Jakob Böhme (1575–1624) stammt die Aussage: »*Materie ist gefrorenes Licht.*« Der Physiker Hans-Peter Dürr (1929–2014) bestätigte aus der Perspektive der neueren Physik diese Aussage. Auch von dem US-amerikanischen Quantenphysiker David Bohm (1917–1992) ist eine ähnliche Aussage überliefert: »*Materie ist gefrorener Geist.*« Daraus eröffnet sich uns die Analogie von Licht und Geist.

Wenden wir diese Aussagen auf den Tierkreis an, so können die Zeichen als zwölf »Gefrier-Stufen« beziehungsweise Verfestigungsstufen des Lichts begriffen werden (siehe Abb. 12). Sie erstrecken sich über den Geist, die Seele und den Körper.

Wichtige Stufen der Verfestigung starten im Rahmen des Fixen Kreuzes bei Wassermann-Uranus. Auf dieser Stufe wird das Licht des Logos zur »feinstofflichen« Idee in unserem Bewusstseinsraum. Das Licht auf der Ebene des Geistes besitzt reinen *Wellencharakter*. Im Abstieg zur Seele (Skorpion-Pluto) verdichtet es sich zum dauerhaften abrufbaren Bild im morphischen Energiefeld. Es bildet unser Gedächtnis (Pluto). Wir interagieren mit diesem Feld über das Genom (Pluto) der Zelle. Die schwingungsfähige Struktur der DNS kann senden und empfangen. In der Löwen-Sonne verdichtet sich das Licht zur elektromagnetischen Strahlung, von der wir einen kleinen Ausschnitt aus dem Strahlungsspektrum mit unseren materiellen Sinnesorganen (Augen, Haut) empfangen können.

An sich reicht das Spektrum dieser elektromagnetischen Strahlen von den langwelligen Radiowellen über die Mikrowellen für unsere

<table>
<tr><th></th><th></th><th>»Gefrier-Stufen«</th><th>Licht-Charakter</th><th></th><th></th></tr>
<tr><td>♓</td><td rowspan="4">GEIST</td><td>Lichtempfang (WORT)</td><td></td><td rowspan="3"></td><td rowspan="6">physikalisch nicht messbar; daher wissenschaftlich negiert</td></tr>
<tr><td>♒</td><td>Individuation des Lichts; Lichtwelle prägt menschliche Geistwelle</td><td>Geistlicht, Wellencharakter</td></tr>
<tr><td>♑</td><td>Geistwelle bekommt eine Form verliehen</td><td>Verdichtung zur geistigen Form</td></tr>
<tr><td>♐</td><td>geformtes Licht wird zum Gedanken (-feuer)</td><td>Verdichtung zum Gedanken</td><td rowspan="3">Telepathie</td></tr>
<tr><td>♏</td><td rowspan="4">SEELE</td><td>Gedanken werden zum Seelenbild</td><td>Verdichtung zum Bild; Gedächtnis, Erinnerung</td></tr>
<tr><td>♎</td><td>Seelenbild zerfällt in Bildinformationen</td><td></td></tr>
<tr><td>♍</td><td>Bildinformationen bilden Affinitäten zu den materiellen Möglichkeiten</td><td>Wellencharakter + Beginn des Teilchencharakters</td><td rowspan="4">Elektromagnetismus</td><td rowspan="6">physikalisch messbar</td></tr>
<tr><td>♌</td><td>Materialisiertes Bild wird zum seel. Willen (-sfeuer)</td><td>Sonnenlicht, Seelenlicht, Welle-Teilchen-Dualismus</td></tr>
<tr><td>♋</td><td rowspan="4">KÖRPER</td><td>Wille befruchtet den Körper; Identifikation mit dem Willen → Geburt</td><td>Welle-Teilchen-Dualismus</td></tr>
<tr><td>♊</td><td>Willensinformation → Steuerung des Körpers</td><td>Welle-Teilchen-Dualismus (Elektroenzephalografie, Elektromyografie)</td></tr>
<tr><td>♉</td><td>Willensinformation bekommt Form verliehen: Körper, -haltung</td><td>Teilchencharakter</td><td rowspan="2">Materie</td></tr>
<tr><td>♈</td><td>Bewegung wird zum Körperfeuer = Tat</td><td>Teilchencharakter</td></tr>
</table>

Abbildung 12: »Gefrier-Stufen« des Lichts

Gammastrahlen. Auf dieser Ebene beobachten wir zwei Eigenschaften des Lichts, die der *Welle* und die des *Teilchens*. Das Licht der Sonne scheint sich im Übergangsstadium von der feinstofflichen Welle (Geist, Welle) zur grobstofflichen Materie (Körper, Teilchen) zu befinden. Die Dichte des Sonnenlichts ist so weit fortgeschritten, dass wir es als elektromagnetische Strahlung mit materiellen Methoden messen und daher auch mit unseren körperlichen Augen und den Rezeptoren der Haut wahrnehmen können. Von diesem Licht nimmt daher auch unsere etablierte Wissenschaft Kenntnis. Die feineren Stufen des Lichts, wie beispielsweise die Strahlung unserer Gedanken (Jupiter, Feuer) oder das morphische Feld, werden von ihr nicht anerkannt, da sie für sie (Gott sei Dank) nicht messbar sind. Auf der Ebene der Stier-Venus »gefriert« das Licht endgültig zur grobstofflichen festen Materie. Der *Teilchencharakter* hat endgültig überhandgenommen.

Licht ist im Rahmen der Schöpfung schwingende Energie. Sie gestaltet den Geist, bildet das Feld unseres Bewusstseins in dem wir leben und erleben, wirkt als Lebensenergie und versorgt uns mit Informationen (Inspiration). Ein anderes Bild für das Licht ist der »göttliche Atem«. Der schöpferische Geist im Hinduismus ist Atman (atmen), welcher der Seele das Leben einhaucht. Das Gleiche wird uns im Alten Testament bei der Erschaffung des Menschen geschildert:

> da bildete Gott, ... , den Menschen, aus Staub vom Erdboden und hauchte in seine Nase Atem des Lebens; so wurde der Mensch eine lebende Seele. (1. Mos. 2,7)

Das Licht der Sonne ist eine Energie der »Unteren Welt«, der Welt der Seele. Die Sonnenenergie, als Willenskraft der Seele, hat die Aufgabe, die dahinterliegende »geistige Sonne« (Uranus) im Irdischen zum Ausdruck zu bringen. Der Arzt, Theologe und Mystiker Johannes Scheffler (1624–1677), genannt Angelus Silesius, bringt diesen Zusammenhang in einem Gedicht zu Jesus, dem Licht Gottes, zum Ausdruck:

> Deines Glanzes Herrlichkeit
> übertrifft die Sonne weit;
> du allein, Jesu mein,
> bist, was tausend Sonnen sein.

Abbildung 13: Angelus Silesius

Im VATER UNSER heißt es (Mat. 6,10):

> [...] Dein Wille geschehe [geschieht] wie im Himmel, so auch auf Erden. [Einfügung durch den Verfasser]

Der *Wille im Himmel* ist die göttliche Inspiration des Uranus und der *Wille auf Erden* wird durch die Sonne als Seelen-Kraft an den Körper übermittelt. Nur wenn beide übereinstimmen, verwirklichen wir den Schöpfungsauftrag des Logos und alles Leid hat ein Ende.

In der griechischen Mythologie ist Helios (Sonne) der Sohn des Titanen Hyperion und seiner Titanenschwester Theia. Die Titanen sind die Kinder der Gaia und des Uranos. Als deren Nachkomme ist Helios ein Vetter des Zeus (Jupiter). Als Enkel des Uranos (Uranus) ist er im übertragenen Sinn eine Energie, die aus der Energie des Uranos folgt. Dies lässt den Schluss zu, dass das Anliegen des Uranus letztendlich das Verhalten des Helios (Sonne) zu bestimmen hat.

Wenn wir in unserem Ego den Gang der göttlichen Inspiration (Uranus) durch den Geist (Bewusstsein) und durch die Unterwelt der Seele verfolgen, dann erkennen wir, dass sie viele Stationen durchläuft, die sie verfälschen, bis sie zum Willen der Sonne wird. Hierzu gehen wir in der Betrachtung im Uhrzeigersinn durch den Tierkreis (siehe Abb. 14). Das Urteil des Saturn spaltet sie, der Verstand Jupiters modifiziert sie entsprechend seiner Überzeugungen und Glaubensinhalte, die vergangenen und gespeicherten Erfahrungen (Traumata) Plutos unterwerfen sie seinen Vorstellungen

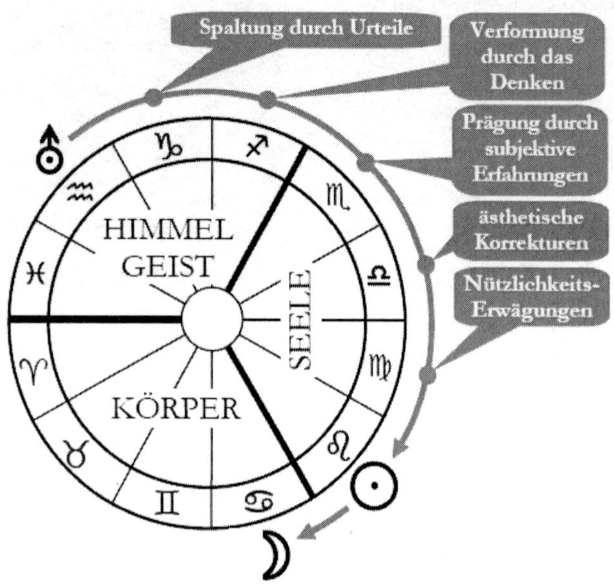

Abbildung14: Die Inspiration (Uranus) auf dem Weg zur Sonne

und Erwartungen, die Waage-Venus will sie ästhetisch ergänzen, damit sie ihrem subjektiven Schönheitsanspruch und Harmoniebedürfnis entspricht, und zuletzt wird sie vom Jungfrau-Merkur auf ihren Nutzen hin beurteilt. Vom »himmlischen Willen« des Uranus bleibt dabei nur ein Zerrbild übrig, das zum »irdischen Willen« der Sonne wird.

Das Gleiche kann sich auch in unserem Körper ereignen. Die Schwingungen des Himmels (Wellen des Wassermanns) steuern über den *Sinusknoten* – er ist astromedizinisch dem Uranus zugeordnet – unser organisches Herz (Sonne). Sind sie jedoch verzerrt, dann ist es kein Wunder, dass dabei auf die Dauer Herzrhythmusstörungen entstehen.

Selene – der Mond – ist in der Mythologie die Schwester des Helios. Hierin drückt sich die enge Verbundenheit und die Gleichgewichtigkeit von Sonne und Mond bei der Verwirklichung der Schöpfungen des Menschen aus. Der aus der Perspektive der Erde scheinbar gleiche Durchmesser von Sonne und Mond deutet ebenfalls auf die Gleichgewichtigkeit der beiden Himmelskörper im *irdischen* Leben hin. In der Sonnenfinsternis findet sie von Zeit zu Zeit ihren Ausdruck. Der Mond kann die Sonne vollständig bedecken.

Kommt es in bestimmten Regionen der Erde zur Sonnenfinsternis, so will sie den Betroffenen bewusst machen, dass kollektive männliche bzw. herrschaftliche Handlungsweisen (Sonne, König) nicht mit den Forderungen des Volkes oder der Natur (Mond) übereinstimmen und daher geändert werden sollten. Da früher die Herrscher (Sonne) die kollektiven Handlungen bestimmten, erging diese symbolische Forderung an sie. Sie hätten sich ändern müssen, was sie aber in der Regel nicht taten. Da daraufhin das Schicksal die notwendige Änderung brachte, galten Sonnenfinsternisse als schlechtes Omen für die Herrschenden.

Sowohl Uranus als auch die Sonne tragen einen Punkt in ihrem Symbol. Der Punkt stellt im Buddhismus den Keimtropfen[25] dar, aus dem sich das Universum entfaltet. Der *Punkt* steht für die *Eintrittspforte* des raum- und zeitlos *Transzendenten* in die Welt von Raum und Zeit. Über ihn will sich das uns verborgene Göttliche (Logos) in der Welt, wie sie sich unserem Bewusstsein darbietet, manifestieren[26]. Dies trifft zur Gänze auf Uranus zu. Der Punkt in der Sonne bildet hierzu eine Analogie auf der Seelenebene. Der Wille der Sonne als »Keimtropfen der Seele« ist ebenfalls noch nicht offenbart. Er muss noch durch den Mond, der Schwester der Sonne, in die Körperwelt geboren und auf dem Weg über Zwillinge-Merkur, Stier-Venus und Mars als Tat vollbracht werden.

Aus der Lebensentfaltung (Sonne) in der materiellen Welt (Stier-Venus) entstehen der Seele unter der Herrschaft des Egos freudige, aber auch traumatische Lebenserfahrungen (Pluto), die sich unserem Gedächtnis einprägen. Die noch unverarbeiteten und daher unbewussten schmerzhaften Erfahrungen sammeln sich in dem Speicher der Seele (Pluto) an und müssen von uns verarbeitet werden.

---

[25] In Anlehnung an Theodor Seifert, www.symbolonline.de: »Der Punkt«

[26] W. Schütz, Das Menschenspiel, Tübingen, 2011. 2. Auflage, S. 214.

Gleichnishaft schildert diesen psychischen Verarbeitungsprozess der Mythos um Augias und dessen Rinderställe. Herakles, der Sohn des Zeus, bekam die Aufgabe, diese Ställe innerhalb eines Tages zu reinigen.

Augias, der *Sohn der Sonne*, hatte in ihnen dreitausend Rinder (Stier-Venus) gehalten und die Ställe seit dreißig Jahren nicht mehr ausgemistet. Im übertragenen Sinn spielte also in seiner Lebensentfaltung das Thema der materiellen Sicherheit (Stier) eine beherrschende Rolle. Wir können dies wieder symbolisch auf uns selbst übertragen. Das Ausleben unserer Sonne in der Welt der Materie (Ägypten, Stier) erzeugt ständig neue, oft auch unverarbeitete Erfahrungen, die sich als »Erfahrungs-Mist« in uns ablagern. Die unbewussten und unverarbeiteten Erfahrungen lassen uns nicht in die Ruhe unserer Mitte kommen. Sie müssen daher verarbeitet werden (Therapie).

Die schmerzhaften Erfahrungen jedoch verbergen wir vor unserem Bewusstsein – wie Augias – hinter dicken Stallmauern. Die Psychologie spricht in diesem Zusammenhang von *Abwehr* unbewusster Inhalte. Die Stallmauern symbolisieren diese Abwehr. Um die Ställe auszumisten, durchbrach Herakles als Erstes diese Mauern der Abwehr. Im darauffolgenden Schritt leitete er zwei benachbarte Flüsse durch die Ställe. Auf diese Weise hatte er die Aufgabe innerhalb eines Tages erledigt. Das Ganze wieder auf uns bezogen bedeutet, dass wir nach durchbrochener Abwehr unser ganzes Fühlen (Fluss, Wasser, Gefühl) auf die vergangenen Schmerzen richten müssen. Im nochmaligen Durchleben »verbrennt« die ursprünglich verdrängte Schmerzenergie (weiblicher Mars = Pluto). Aus der *Asche* kann sich daraufhin der Seelenvogel Phönix befreit in die Lüfte erheben. Gelingt uns dies, dann ist unser seelischer Speicher bald gereinigt und wir sind wieder fähig, in die Ruhe unserer Mitte zu gelangen.

Aber Vorsicht ist geboten! Haben wir zwar unseren Schmerzkörper von dem »Mist« (Dämonen) gereinigt, aber noch nicht unser Unheil schaffendes urteilen (Saturn) überwunden, dann sammeln sich sehr schnell wieder Schmerzerfahrungen (Traumen) in unserem »Seelenstall« (Pluto) an und treiben erneut ihr Unwesen mit uns[27].

Die Entmachtung des Lichts

GOTT ist das grenzenlose Licht. Licht manifestiert die Energie des Geistes. Der menschliche Geist ist mit dem göttlichen, schöpferischen Geist, dem Logos beziehungsweise dem »Wort«, verbunden. Die Empfänglichkeit gegenüber dem Logos schenkt uns der weibliche Planet Neptun. Neptun ist derjenige, der das feinstoffliche Licht »sehen« kann. Aus dem Licht entsteht alles, was ist. Das Licht – als Information – wirkt in allem und in jedem Menschen. Es verleiht allem seine Lebendigkeit. *Licht* ist die männliche Seite des Allumfassenden. Licht ist aber auch das *Bewusstsein,* seine weibliche Seite. Schöpfung (männlich) passiert im Bewusstseinsraum (weiblich) und ist mit ihm untrennbar verbunden. Strukturen – geistige, seelische oder körperliche – manifestieren sich nur in Beziehung zum Bewusstsein.

In uns entfaltet sich das Licht als der (hin-)eingeborene Sohn Gottes. Die Christen nennen diesen Aktivitätsimpuls Jesus. Er sagt von sich:

> Ich bin das Licht der Welt; wer mir nachfolgt, wird nicht in der Finsternis wandeln, sondern wird das Licht des Lebens haben. (Joh. 8,12)

Wie wir aus der Mithras-Religion erkennen konnten, vertritt Uranus (Wassermann) im astrologischen System das vom *grenzenlosen Licht* separierte Licht im Menschen. Die göttliche Inspiration (Uranus, Mithras, Jesus) ist unser Anteil am schöpferischen Licht, welches den Menschen erst wahrhaft lebendig sein lässt. Sie ist in uns Grundlage einer individuellen, akzentuierten und originellen Persönlichkeitsstruktur und gibt uns einen dazu passenden Handlungsinhalt, der sich von allen anderen Menschen unterscheidet. In der

---

[27] Siehe hierzu: NT Mat 12,43: Von der Rückkehr unreiner Geister.

Ego-Welt Ägyptens hat unter der Vorherrschaft des Saturns (Satan) das uranische Licht seine Macht verloren. Saturn gibt nämlich selbstherrlich Formen (Normen, Gesetze) vor und weigert sich, seine Formen entsprechend den Inspirationen (Uranus) zu gestalten. Daher musste der Prinz im Perlen-Lied, um nicht in der Gesellschaft Ägyptens (Saturn-Stier-Venus) mit seiner Originalität (Uranus) aufzufallen, sein Strahlenkleid (Uranus) ausziehen und sich, wie die übrigen Ägypter, der Norm entsprechend kleiden.

Den Machtverlust des Lichtes schildert sehr anschaulich der griechische Mythos des Uranos (= Uranus). Uranos war ursprünglich Herr unseres Himmels und damit Herr in unserem Bewusstsein. Uranos heißt übersetzt Himmel. Im Tierkreis erstreckt sich der Himmel über das geistige Drittel des Tierkreises, über die Zeichen Fische, Wassermann, Steinbock und Schütze. Die göttlichen Inspirationen – das Licht des Uranus – verwirklichten sich ursprünglich von selbst bzw. durch unser SELBST und wir lebten im Paradies. Der Nachteil dieses Lebens bestand darin, dass wir uns des paradiesischen Zustands nicht bewusst waren, denn Uranus verbannte all seine Schöpfungen (Kinder) in die lichtlose Welt des Unbewussten, den Tartaros (tiefster Teil der Unterwelt). Zur Bewusstwerdung musste also etwas geschehen. Auch hier haben wir wieder eine Parallele zur PARABEL VON DER KLEINEN SEELE UND DER SONNE.

Die griechische Mythologie berichtet uns, wie Kronos (Saturn) auf Betreiben Gaias, der Mutter von Uranos und Kronos, seinen Vater Uranos mit einer *Steinsichel* entmannte (Abb. 15) und daraufhin die Macht in unserem Himmel (Bewusstsein) übernahm. Das geschah nicht nur in grauer Vorzeit. Auch wir im Jetzt sind davon betroffen.

In unserer Ego-Persönlichkeit beraubt Saturn in jedem Moment erneut Uranus seiner schöpferisch zeugenden Potenz. Er blockiert jede göttliche Inspiration, indem er sie durch sein Urteilen spaltet. Durch seine Machtübernahme in unserem GEIST verdunkelt sich unser inneres Licht. Das teilt uns auch das Perlenlied mit: Die Perle (Uranus) wird dem Prinzen von der Schlange (Saturn) vorenthalten, solange sich dieser in einem Bewusstseinszustand des »bleiernen Schlafs« befindet. Blei ist das Metall des Saturns.

Abbildung 15: Kastration des Uranos (Polidoro da Carvaggio)

Wenn die Inspiration uns lebendig sein lässt, dann gleicht das Leben ohne Inspiration, wie wir es führen, dem Tod. So wird der Schlusssatz des GLEICHNISSES VOM VERLORENEN SOHN verständlich:

> ... denn dieser dein Bruder war t o t und ist wieder lebendig geworden und v e r l o r e n und ist gefunden worden. [Hervorhebung v. Verf.] (Luk. 15,11)

Nun wird aber auch klar, was viele Menschen im Extremsport suchen. Sie versuchen ihrem »toten Leben« zu entkommen und hoffen, in Sensationen, den Grenzüberschreitungen und in Extremen ihre Lebendigkeit zu finden. Dabei ist der Kick aber nur ein schaler Ersatz für die echte Inspiration und führt nicht zu dem befriedigenden Gefühl: »Ich habe das Leben gefunden.« Schauen wir in das Horoskop dieser Menschen, so erkennen wir die treibende Kraft in ihrem Verhalten: *Es ist ihr unerfüllter, entmachteter Uranus, der sie treibt.* Die meisten Menschen aber arrangieren sich mit ihrem »Tod« und glauben, im äußeren *Erfolg* und in der *Anerkennung* (Saturn) im Land Ägyptens ihr Leben zu finden. Sie übernehmen Verantwortung (Saturn) für alles, nur nicht für ihre eigene Lebendigkeit (Uranus):

> ... und wer nicht ... mir [Jesus] nachfolgt, ist meiner nicht würdig. Wer sein Leben [in der Gesellschaft] findet, wird es verlieren, und wer sein Leben [in der Gesellschaft] verliert um meinetwillen, wird es finden. [Einfügungen v. Verf.] (Mat. 10,38)

Die *Steinsichel,* mit der Kronos seinen Vater Uranos kastrierte, ist ein Symbol! Die Sichel steht in Analogie zu unserer Empfänglichkeit (Mond-Sichel, Identifikation) und der Stein in Analogie zum Saturn. Hierin drückt sich aus, was unserem Uranus die Potenz raubt. Es ist unsere Empfänglichkeit für und unsere Identifikation mit den Grenzen zwischen Gut und Böse, mit dem Urteil (Saturn, Stein). Die Entmannung des Uranus findet in uns allen so lange statt, bis wir diese Identifikation überwunden haben. Leicht fällt uns das nicht, sind doch Recht und Ordnung unsere liebsten »Kinder«. Die Erziehung durch unsere Eltern verknüpft Anerkennung mit der Einhaltung ihrer Vorstellungen (Pluto) von Gut und Böse und von Recht und Ordnung (Saturn). Und gerade auf diese Anerkennung ist das Kind in den ersten Lebensjahren essenziell angewiesen. Was da an Anlagen und eigenen Fähigkeiten nicht hineinpasst, muss es zugunsten dieser Anerkennung in den »Schatten« fallen lassen. Erinnern wir uns an Prokrustes, er tobt sich in der Erziehung aus!

Aphrodite: Die Begegnung als Heilmittel

Die abgeschnittenen Geschlechtsteile und der Samen des Uranos – seine »schöpferische«, zeugende Potenz – fielen ins Meer (Neptun) und dem sich daraus bildenden Schaum entstieg Aphrodite, die »Schaumgeborene«. Aphrodite (Waage-Venus) ist ein mit dem

Schicksal (Saturn) verbundenes Heilmittel (Neptun). Ihre Kraft erhält sie aus der Zeugungspotenz des Uranus, die diesem durch dessen Kastration genommen und die auf sie übergegangen ist. Sie entstand ja aus dem Samen seiner Zeugungsorgane. Sie wird daher in der Astrologie auch *Venus-Urania* genannt. Mit ihrer Kraft gestalten wir unbewusst unsere Außenwelt – die Welt der Begegnung.

Saturn spaltet durch das URTEIL den Menschen und bedingt dessen Unheil. Die Heilung – durch die Energie der Aphrodite – besteht darin, dass sie unseren unbewussten, verurteilten und abgespaltenen Teil *schicksalhaft* unter anderem als DU in unserer Außenwelt vor uns stellt (siehe auch Abb. 2). Das, was uns begegnet – der verwunschene Teil unseres Selbst – wird damit zum Spiegel, in dem wir unsere *unbewussten* Persönlichkeitsanteile betrachten und erleben können. Die Psychologie spricht in diesem Zusammenhang von der Projektion der eigenen tabuisierten (Saturn) Verhaltensanteile auf die anderen.

Ein Beispiel aus der Technik kann das Phänomen der Projektion verdeutlichen. Heute projizieren wir Bilder und Filme zumeist mit einem Beamer. Die Bilder, die wir *draußen* an der Leinwand sehen, existieren in digitalisierter Form auch *in* dem Projektor. Sehen wir beispielsweise an der Wand einen Esel, dann existiert das Bild des Esels auch im Beamer. Auf uns übertragen heißt das: Begegnet uns draußen ein Zornkopf, dann existiert dieser Zornkopf – natürlich unbewusst – auch in uns. Der Zornkopf ist nicht die wirkliche Anlage, sondern ihre verwunschene Form, die es zu entschlüsseln gilt. In diesem Fall empfiehlt es sich, den Mars im persönlichen Horoskop der/des Betroffenen zu untersuchen.

Zum Begegnenden zählen aber nicht nur Menschen, sondern auch das Feuer, das Wasser, der Sturm, der Erdrutsch, das Beben, die lebendige Natur mit ihren Pflanzen und Tieren, die Bakterien, die Viren, das Klima, die Strahlung, das Gift und vieles andere mehr, letztendlich alles. In Allem begegnen wir dem Gleichnis unseres SELBST! Je mehr Aphrodite (Waage-Venus) uns aus scheinbarer Eitelkeit in den Spiegel an der Wand schauen lässt, desto mehr zeigt sie uns unsere Sehnsucht nach den unbewussten Seiten unserer

Persönlichkeit. Der prüfende und zweifelnde Blick in den Spiegel konfrontiert uns aber auch mit unseren Urteilen zu unserem Selbst. Diese Urteile sind es, die das Unbewusste erst mit Inhalt füllen.

Bemerkenswert zutreffend wird der Hintergrund der Begegnungen in dem Märchen der Gebrüder Grimm DER FROSCHKÖNIG ODER DER EISERNE HEINRICH erzählt. In diesem Märchen ist das Symbol der Ganzheit eine goldene Kugel. Bei vielen Marienskulpturen hält Jesus sie ebenfalls in der Hand. Die Hauptdarstellerin des Märchens, die Prinzessin, spielte damit und verlor bei ihrem Lebensspiel im »großen dunklen Wald« – ein Synonym für das Lebens-Labyrinth – die Kugel, ihre Ganzheit. Sie verschwand im Brunnen des Unbewussten. Unmittelbar darauf begegnete ihr folgerichtig der im Unbewussten verlorene Teil in ihrer Außenwelt: der Frosch. Dieser teilte ihr die einzige Möglichkeit ihrer Heilung mit: »Wenn du mich annimmst, bekommst du deine Goldene Kugel (Ganzheit) zurück!« Offenbar hatte die Prinzessin ihre männliche Seite verurteilt und verdrängt. Die Märchen sprechen in diesem Zusammenhang von Verzauberung. Wie sich zum Schluss des Märchens herausstellte, war diese Seite ihr wunderbarer innerer Prinz (Animus), der sich hinter der Gestalt des Frosches verbarg.

Der Schweizer Arzt und Psychologe Carl Gustav Jung hätte es sinngemäß so ausgedrückt: »Wenn du mich – deinen Schatten – annimmst und in dein Leben integrierst, dann ist deine Individualität (Ungeteiltheit) wiederhergestellt.«

Die schöpferische Kraft des Menschen

Den wenigsten ist bewusst, über welche ungeheure Schöpferkraft wir Menschen verfügen. Unsere Außenwelt ist – mithilfe der Aphrodite – die *eigene unbewusste Schöpfung* unseres Selbst. Sie verfügt ihrerseits – wie oben dargestellt – über die *unbewusste* Seite der zeugenden Potenz des Uranus!

Unser Ego erlebt den Schöpfungsfluss in seinem Bewusstseinsraum und greift mit seinem Urteil spaltend in ihn ein. Dabei entstehen zwei »Flüsse«. Der eine *bewusste Fluss* erzeugt das Ego und dessen bewusstes Handeln und der andere *unbewusste Fluss* gestaltet im Auftrag unseres Selbst die Begegnung mit der Außenwelt.

Wollen wir – wie es viele Gutmenschen in ihrer Unbewusstheit tun – nur GUT sein, dann verdrängen wir etwas vermeintlich Böses oder Hässliches, dem wir daraufhin *unbewusst* in unserer Außenwelt als Bösem oder Hässlichem Gestalt verleihen. Dabei erschaffen wir nicht die uns begegnenden Wesenheiten, sondern nutzen die Umwelt, um mit ihrer Hilfe die notwendige Situation nach dem Gesetz der Resonanz zu gestalten. Das Problem für uns erwächst nun daraus, dass wir diesen Teil – im Märchen war es beispielsweise der »Frosch« – nicht mehr als Teil unseres Selbst erkennen und ihn nicht mehr annehmen wollen. Im Gegenteil, wir beginnen ihn – wie zuvor schon in uns – zu verurteilen und zu bekämpfen. Aus diesem uns vertrauten Verhalten entstehen alle Konflikte, unter anderem zwischen Partnern, Familienmitgliedern, Kollegen, und Nachbarn. Sie werden zur Quelle aller kollektiven Spannungen und Kriege zwischen Gruppen und Völkern. Der innere Krieg gegen einen eigenen Persönlichkeitsanteil wird zum Krieg im Außen!

Da wir unbewusst unsere Außenwelt und unsere Wahrnehmung in ihr selbst gestalten, ist das, was wir betrachten und erleben, individuell auf uns als Subjekt, zugeschnitten. Wir leben isoliert in unserem Echoraum und bekommen unsere Überzeugungen (Jupiter-Saturn) in ihm immer wieder bestätigt. In der Regel leben wir darüber hinaus in einem Kollektiv, das sich ebenfalls einen eigenen Echoraum (Mainstream) gestaltet hat. So finden auch kollektive Überzeugungen (Jupiter-Saturn) ihre Bestätigung. Dies entzieht dem Menschen und seiner Wissenschaft, ohne dass er und sie sich dessen bewusst ist, die Möglichkeit objektiver Erkenntnis. Die Beweisführung durch wiederholte übereinstimmende Versuchsergebnisse bestätigt lediglich dem Einzelnen oder dem Kollektiv seine zurzeit vorherrschenden Glaubenssätze. Die Glaubenssätze bedingen ja im kollektiven Bewusstseinsraum das Verhalten der Materie.

Zwei Beispiele mögen diese Zusammenhänge verdeutlichen. In der Medizin ist die Wirkung homöopathischer Medikamente umstritten. Versucht ein überzeugter Homöopath durch Versuche die Medikamentenwirkung nachzuweisen, dann erfährt er für sich eine eindeutige Bestätigung. Seine Behandlungen sind ja von Erfolg gekrönt. Wiederholt dagegen ein Gegner der Homöopathie, dessen Sichtweise durch physikalische Auffassungen – wie beispielsweise die Avogadro-Konstante[28] – begrenzt ist, den Versuch, dann kommt er aufgrund seiner subjektiven Überzeugung (Jupiter-Saturn) zu dem Ergebnis, dass das Medikament, da es keinen stofflichen Inhalt mehr hat, ohne jede Wirkung ist. Die Eigenschaft von Stoffen – insbesondere des Wassers – sich von informellen Schwingungen prägen zu lassen und diese über lange Zeit zu speichern (Pluto), wird dabei vollkommen außer Acht gelassen![29]

Wie stark Überzeugungen und Glaubenssätze (Jupiter-Saturn) bis ins Körperliche hineinwirken können, zeigt ein zweites Beispiel aus dem Bereich der Religion. Das Matthäus-Evangelium schildert uns folgende Begebenheit:

> Und siehe, eine Frau, die zwölf Jahre blutflüssig war, trat von hinten heran und rührte die Quaste seines Gewandes an; denn sie sprach bei sich selbst: Wenn ich nur sein Gewand anrühre, so werde ich geheilt werden. Jesus aber wandte sich um, und als er sie sah, sprach er: Sei guten Mutes, Tochter! Dein Glaube hat dich geheilt. Und die Frau war geheilt von jener Stunde an. (Mat. 9,20)

Aktuell ist die »Quaste des Gewandes« für manche die französische Marienwallfahrtsstätte Lourdes.

Folgende Fantasie könnte durchaus Realität werden. Es war einmal ein Wissenschaftler, der ein Experiment unternahm. Er sagt zu sich selbst in tiefster Überzeugung: »Wenn ich diesen Versuch *so* durchführe, wird das Ergebnis meine Thesen hundertprozentig bestätigen.« Und eine Stimme ertönt aus dem Hintergrund: »Dein Glaube hat dir geholfen.« Und er bekam daraufhin den Nobel-Preis.

---

[28] Die Avogadro-Konstante gibt an, wie viele Atome bzw. Moleküle sich in einem Mol eines Stoffes befinden: $6{,}022 \cdot 10^{23}$ Atome bzw. Moleküle pro Mol.

[29] Siehe die Wasserbilder von Emoto.

Die Reise Jesu

Auch die christliche Religion schildert uns im Kern eine Reise. Sie beschreibt den Weg des schöpferischen GEISTES im Menschen. Er ist ja der eigentliche Held im Erdendrama. Die Reise gleicht der Parabel vom »verlorenen Sohn«, der als Sohn des LOGOS (Wort) sein Zuhause verließ, (geistig) tot war und wieder lebendig wurde. Die Schilderung besitzt ihre astrologische Analogie zum Tierkreis (siehe Abb. 16) und ihr Inhalt verdichtet sich in zwei christlichen Feiertagszyklen: im Weihnachtsfest, dem Reisebeginn, und im Osterfest, dem Ende der Reise. Sie erzählt von der Niederkunft in der Materie (Involution), der Reise nach Ägypten, dem Auszug aus Ägypten und der Heimkehr (Evolution, Auferstehung) ins himmlische Jerusalem.

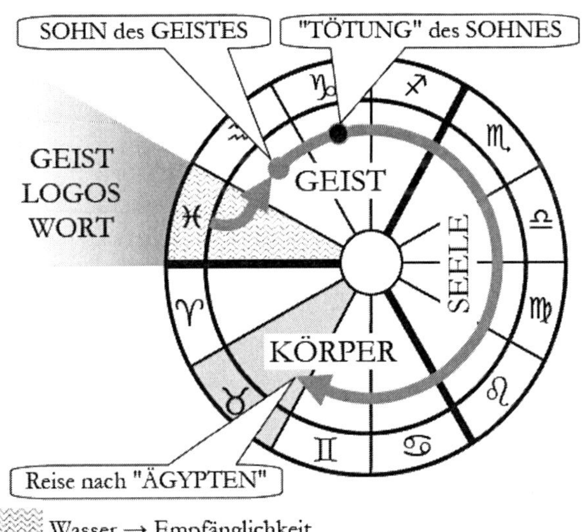

Abbildung 16: Die Reise Jesu

Die »Unbefleckte Empfängnis«

Die scheinbaren »Eltern« Jesu – Maria und Joseph – charakterisieren Archetypen des Menschen. Sie lebten nicht nur um die Zeitenwende, sondern sie leben als Anima und Animus zu allen Zeiten in jedem Menschen. Die Anima entspricht dem *urweiblichen* Element *Wasser* und der Animus dem *urmännlichen* Element *Feuer*. Die Farbgebung der Kleidung der beiden im Bild von Rogier van der Weyden (1400–1464) ANBETUNG DER KÖNIGE (siehe Abb. 20) wurde vom Maler entsprechend gewählt: Rot (Feuer) für den Animus (Joseph) und Blau (Wasser) für die Anima (Maria).

Der ursprünglich erschaffene Mensch, AD(a)M, vereinigte beide Pole in sich zu einer Einheit. Er war androgyn: als »Mensch«, männlich und weiblich zugleich. Adam ist daher an sich kein männlicher Name, sondern im Ursprung der Name des Menschen. Die hebräischen Buchstaben von Adam, אָדָם, beschreiben, von rechts nach links gelesen, das Wesen des Menschen: *Gott, als Schöpfer des Lichts (Aleph), gebiert eine lebendige Seele (Daleth), die er in eine materielle Form einhüllt (Mem)*[30]. Er ist das vom grenzenlosen Licht Gottes getrennte und individuierte Licht.

Aus astrologischer Sicht vereint der Archetypus der Anima in sich die *Wasser*-Energien Neptuns (Fische: Geist), Plutos (Skorpion: Seele) und des Mondes (Krebs: Körper), die Energien der *Empfänglichkeit*. Für Pluto stand vor seiner Entdeckung (1930) in der klassischen Astrologie der Mars. Aber Achtung! Er wird häufig mit dem Widder-Mars verwechselt. Er ist aber ein weiblicher Mars und seine Energie ist daher nach innen gerichtet. Er ist das weibliche »Feuer« der Alchemisten. Er liefert die *Hitze der Gefühle*, die sie für den Wandlungsprozess (Transmutation) benötigen. Die Alchemisten bezeichneten mit der Transmutation die angestrebte Verwandlung unedler Metalle (Blei = Saturn) in Gold (Sonne-Uranus) und meinten damit die Wandlung vom begrenzten Bewusstsein zum erleuchteten.

---

[30] Deutung in Anlehnung an M. Kahir MYSTIK UND MAGIE DER SPRACHE, Wiesbaden 1996

Der Archetypus des Animus umfasst die *Feuer*-Energien Jupiters (Schütze: Geist), der Sonne (Löwe: Seele) und des Mars (Widder: Körper), die Energien der *Aktivität.* Im normalen Zeugungsakt treffen sich Anima und Animus auf der seelischen (Pluto, Eizelle-Spermium) und körperlichen Ebene. Im Anschluss daran trägt die Anima der Frau auf der Mond-Ebene das körperliche Kind aus und gebiert es. In dieses Kind inkarniert eine geistig-seelische Wesenheit, die aufgrund ihrer Entwicklung eine Resonanz zur Zeitqualität der Geburt und zur Bewusstseinsentwicklung der Eltern hat.

Jesus jedoch ist nicht das Kind von Maria (Anima) und Joseph (Animus) als Paar. Seine Zeugung entsteht aus der Verbindung des schöpferischen Geistes – des LOGOS (Wort) – mit der geistigen Dimension der Anima (Maria). Neptun verleiht uns diese geistige Empfänglichkeit (Fische → Meer → Mare → Maria). Neptun steht für ein ungeordnetes geistiges »Wasser« (Chaos), das gegenüber dem Wort (schöpferischer Geist Gottes) empfänglich ist. Der Schöpfungsmythos schildert im Alten Testament den Beginn einer Zeugung so:

> [...]; und der Geist Gottes schwebte über dem Wasser. (1. Mos. 1,2)

Stellen wir uns das spiegelglatte Meer vor, in das der Schöpfer – einem Schöpfungsimpuls (Wort) analog – einen Stein »hineinwirft«. Die Wellen um die Einschlagstelle gleichen den Informationsschwingungen des Wortes. Das Symbol des Wassermanns – die Doppelwelle – bringt dies unmittelbar zum Ausdruck. Die Welle des Wortes wird zur Welle (Uranus) des menschlichen Geistes (siehe Abb. 17).

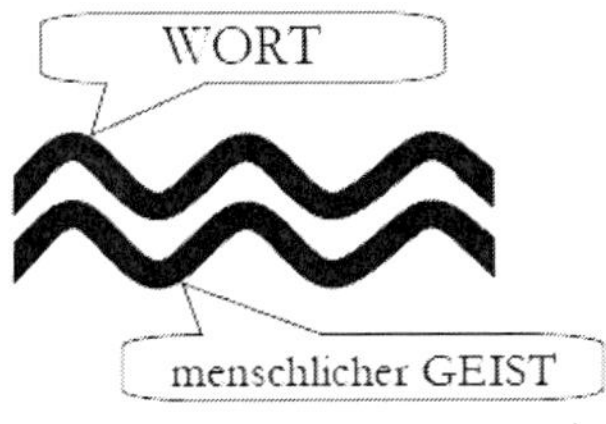

Abbildung 17: Doppelwelle des Wassermann-Symbols

Zeugung und Empfängnis Jesu geistern als »Unbefleckte Empfängnis« durch die etablierten religiösen Schriften und deren Lehrmeinungen. Dahinter verbirgt sich das dogmatische Konstrukt der Erbsünde des Apostel Paulus. Jesus, als Gottessohn, wurde von ihm nicht als geistige Energie im Menschen verstanden, sondern als ganzer geistig-seelisch-körperlicher Mensch. Als solcher konnte er – seiner im Urteil gefangenen Auffassung nach – schlecht, wie der Rest der Menschheit, von Geburt an mit der Sünde belastet sein. Daher musste er in Reinheit von Maria geboren werden. Paulus blieb dabei offenbar verborgen, dass der Geist des Logos (Wort) es war, der zeugte und der Geist des Menschen (Neptun, Maria) ihn empfing. Jesus – die Gottesidee »Lebendigkeit« – wurde in den Geist des Menschen geboren. Diese Zeugung im Geist ist, im Gegensatz zum normalen menschlichen Zeugungsakt, ohne »Flecken« möglich.

Im Kontrast zur falsch verstandenen, aber idealisierten »jungfräulichen Reinheit«, geriet die normale Sexualität immer mehr in den Gegenpol des Schuldhaften und Schmutzigen. Ja, die Sexualität wurde zum eigentlichen Sündenfall von Adam und Eva stilisiert! Die krude Fantasie der durch die zölibatäre Lebensform triebgestörten Priester kulminierte darin, dass vielen weisen Frauen (Hexen) vorgeworfen wurde, sie hätten es sexuell mit dem Teufel getrieben. 1782 wurde die letzte Frau[31] wegen Hexerei hingerichtet. Die Botschaft der Liebe (Agape) wurde dadurch in ihr Gegenteil verkehrt.

Kehren wir zurück zur *Geistigen Empfängnis.* Ein Bote des Logos – ein Engel – kündigt Maria die *geistige* Zeugung und *geistige* Schwangerschaft an:

> Fürchte dich nicht, Maria, [...] , und du wirst schwanger werden von seinem WORT [Hervorhebung v. Verf.]. (Ev. n. Jakobus 11)

Manche verleitet der Name »Jungfrau Maria« dazu, sie dem Zeichen Jungfrau und nicht dem Zeichen Fische zuzuordnen und ihr

---

[31] Anna Göldi; *24. Oktober 1734 (lt. Wikipedia)

überdies eine besondere Reinheit anzudichten. Die symbolisch korrekte Darstellung der Maria im Bild und als Statue, wie auch der analogen Hohen Priesterin im Tarot, zeigt jedoch die Schale der Empfänglichkeit unter ihren Füßen. Diese Schale wird gerne mit dem Mond verwechselt. Sie drückt jedoch symbolisch lediglich Empfänglichkeit aus. Die Füße sind der Bereich der Fische. Maria symbolisiert damit die geistige Empfänglichkeit des Fische-Neptun. Sie repräsentiert das Wasser, über dem der zeugende Geist Gottes schwebt.

Zeugung, Empfängnis und Geburt, wie sie im Neuen Testament beschrieben werden, sind keine neuen, originär christlichen Inhalte, sondern sie begegnen uns schon 2000 Jahre vor unserer Zeit im alten Ägypten. Der schöpferisch zeugende Geist wurde damals Osiris (Logos) genannt, der empfangende Geist Isis (Neptun, Maria) und deren Sohn war der Falke Horus (Jesus, Uranus). Horus – als Vogel – deutet auch hier auf die Analogie zu Wassermann-Uranus hin.

Die Geburt des Lichts

Die Ankunft Jesu, des »Sohnes des Wortes«, beginnt mit einer Verkündigung des Engels an die Hirten auf dem Feld:

> Und der Engel sprach zu ihnen: Fürchtet euch nicht! Denn siehe, ich verkündige euch große Freude, die für das g a n z e V o l k sein wird. Denn e u c h ist heute ein Retter geboren, der ist Christus, ... Und dies sei euch das Zeichen: Ihr werdet ein Kind finden, in Windeln gewickelt und in einer Krippe liegend. [Hervorhebungen v. Verfasser] (Luk. 2,10)

Die Freude über die Geburt des Sohnes geschah nicht nur einmalig im damaligen Reich Judäa, sondern geschieht in jedem Einzelnen des Volkes (der Völker). Was da als herausragendes einzelnes Ereignis im Außen geschildert wird, geschieht – wie außen, so innen – unbewusst zu allen Zeiten im Inneren jedes Menschen.

Daher konnte der Mystiker Angelus Silesius mit Recht sagen:

> Und wäre Christus tausendmal in Bethlehem geboren, und nicht in dir: Du bliebest doch in alle Ewigkeit verloren.

Wenn Jesus – der Christus – in jedem geboren wird, dann ist die Beschreibung des Geburtsortes im Neuen Testament die Beschreibung des Inneren jedes Menschen. Jesus wird in Bethlehem geboren. Also gibt es Bethlehem in jedem von uns. Eine der Bedeutungen des Namens Bethlehem lautet: »Haus des Brotes.« Der Geburtsort in unserem Tierkreis ist dort, wo wir das »Brot« bekommen. Dort wird das Kind in die Krippe gelegt, was wiederum einen Zusammenhang mit der Speise nahelegt. Hier stellt sich die Frage: Wer oder was ist das Brot bzw. die Speise? Ist Jesus das Brot, von (aus) dem wir leben? Er selbst bezeichnet sich so:

> ... mein Vater gibt euch das wahrhaftige Brot aus dem Himmel. Denn das Brot Gottes ist der, welcher aus dem Himmel herabkommt und der Welt das Leben gibt. ... Jesus sprach zu ihnen: Ich bin das Brot des Lebens. (Joh. 6,32)

Hierzu passt:

> Nicht von Brot allein soll der Mensch leben, sondern von jedem Wort, das durch den Mund Gottes ausgeht. (Mat. 4,4) [Hervorhebung v. Verf.]

Denken wir in diesem Zusammenhang auch an das Ritual des Abendmahls, bei dem wir »ihn« in der Erinnerung an »ihn« als Speise symbolisch zu uns nehmen:

> Dies tut zu meinem Gedächtnis! (Luk. 22,19)

Zwischen den Konfessionen tobt hierzu ein völlig überflüssiger und sinnloser Streit. Er entzündet sich an der Frage: Ist das im Abendmahl gereichte Brot und der Wein symbolisch oder tatsächlich der Leib und das Blut Christi? Dahinter steckt der institutionalisierte Machtanspruch einer Kirche, die von sich behauptet, dass nur sie dem Menschen das wahre Brot und damit das Leben durch das Sakrament des Abendmahls spenden kann. Wie kann das sein? Ist doch Jesus, das Brot des Lebens, in jedem Menschen und wir müssen seiner nur gedenken (erinnern)!

Wenn wir unsere Lebendigkeit aus dieser geistigen Speise erhalten, dann stellt sich in der Astrologie die Frage nach dem geistigen

»Mund«, mit dem wir die Speise aufnehmen. Die Funktion der Aufnahme kann nur ein Wasserzeichen erfüllen. Das Element Wasser ist weiblich, also aufnehmend. Da es sich um geistige Nahrung handelt, kommt auf dieser Ebene nur das geistige Zeichen der Fische mit dem Energiezentrum Neptun infrage.

Wir Menschen scheinen aber auf die Geburt und das Kind kaum vorbereitet zu sein, denn uns wird weiter mitgeteilt:

> und sie gebar ihren erstgeborenen Sohn und wickelte ihn in Windeln und legte ihn in eine Krippe, weil in der Herberge kein Raum für sie war. (Luk. 2,7) [Hervorhebung d. Verf.].

Wir, als Herberge, haben in unserem Bewusstseinsraum (Himmel) keinen Platz für den »Sohn des Wortes« (Uranus), da das Denkfeuer Jupiters in Bindung an den Saturn in ihm Schöpfer spielen und ihn vollkommen ausfüllen (siehe auch Abb. 4). Seitdem leben wir als Ego mit einem urteilenden und daher stark begrenzten Bewusstsein. Der Raum in uns ist durch die eigenmächtigen Schöpfungen unseres Denkens (Jupiter-Saturn) eng geworden und für göttliche Inspirationen (Uranus) verschlossen (Saturn).

In der astrologischen Deutung werden im Zusammenhang mit dem Zeichen Wassermann und seinem Planeten Uranus die *Befreiung* bzw. die *Freiheit* in allen Spielarten thematisiert. Die Freiheit allein jedoch führt ohne Inhalt in die Langeweile und wir suchen daraufhin den Inhalt – die Animation (*animare*: zum Leben erwecken) – in der Außenwelt und bei anderen. Groß ist die Zahl derjenigen, die das »Leben« des Nachts bei *künstlichem Licht* suchen. Das Eigentliche aber, wozu die Befreiung von der Einschränkung (Saturn) notwendig ist, wird selten benannt. Es ist die vom Logos gegebene uranische Idee (Luft, unser inneres Licht, Inspiration), die wir in Freiheit leben wollen und nur in ihr leben können. Die Inspiration prägt jeden Menschen einmalig und von der Norm abweichend. Auf diese Entwicklung hat jeder Mensch gleichermaßen ein Recht (Gleichberechtigung). Sie aber wird vom verzauberten Saturn ständig verhindert.

Betrachten wir den Tierkreis (siehe Abb. 18), dann können wir

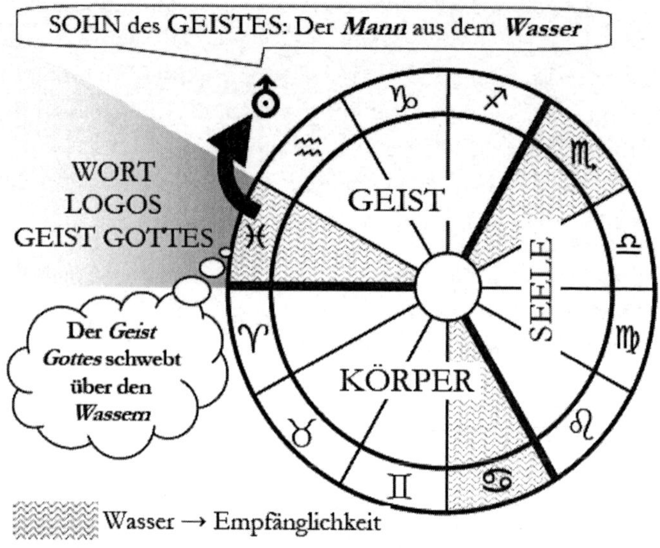

Abbildung 18: Die Zeugung und Geburt des Uranus im Tierkreis

die Zeugung Logos-Neptun nachvollziehen und erkennen, warum der Wassermann, ein männliches Luftzeichen, Wassermann heißt. Er ist als Aktivitätsimpuls – als solcher trägt er im Symbol den Pfeil – das männliche Kind, das vom Wasser empfangen und aus dem Wasser Neptuns geboren wurde: Uranus, Menschensohn, Jesus. Im Ritual der Taufe ahmen wir diesen Vorgang symbolisch nach. Auch in der griechischen Mythologie ist Uranos der Sohn der Gaia (Neptun), die ihrerseits dem Chaos entstammt. Gaia ist vergleichbar mit der »wüsten und leeren Erde« (Gaia) der Schöpfungsgeschichte, über deren Wasser (Neptun) der Geist Gottes (Logos) schwebt (1. Mos. 1,2).

Das Chaos können wir uns als ein grenzenloses Energiefeld vorstellen, in dem die Energie vollkommen gleichmäßig verteilt ist, sodass sich in ihm keinerlei Ordnung zeigt (Chaos = ordnungslos). Es ist die transzendente Welt jenseits der Offenbarung, die *alle* Möglichkeiten in sich trägt, von den Sinnesorganen unseres Körpers aber nicht empfangen wird (vgl. Abb. 19).

Abbildung 19: Emblem »Was kein Auge gesehen und kein Ohr gehört hat«
Otto van Veen (1556–1629)

Schöpfung (Kosmos = Ordnung) geschieht dadurch, dass »Etwas« das chaotische Energiefeld (Quantenfeld) verwirbelt und dadurch zeitlich begrenzte Strukturen und Formen (Saturn) in unserem Bewusstseinsfeld entstehen lässt. Zum Beispiel als Wellen (Wassermann) auf der spiegelglatten Meeresoberfläche (Fische). Das verwirbelnde Etwas ist die göttliche Schöpferkraft (Logos, Wort). Da das ordnungslose Wasser Neptuns – die spiegelglatte Meeresoberfläche – die Voraussetzung für den Empfang des Wortes ist, muss Neptun stets entstandene Ordnungen (Formen) wieder auflösen. Er muss die Wogen seines Meeres wieder glätten. Unser Ego (Saturn) jedoch liebt seine einmal geschaffenen Ordnungen und Formen, möchte sie beibehalten und widersetzt sich der

Abbildung 20: Rogier van der Weyden, Die Anbetung der Könige

Auflösung. Daraufhin bricht sie schicksalhaft in das Leben des Egos ein und erlöst es von seinen geliebten Verfestigungen. Das Ego ist zunächst tief enttäuscht und hadert mit seinem Schicksal. Das Selbst jedoch weiß um den Sinn des von ihm ausgelösten Schicksals und freut sich unbewusst über diese Heilung.

Die Magier aus dem Morgenland

Der Bericht über die Magier aus dem Morgenland ist eine Laudatio auf die Astrologie. Die Sterndeuter (Jupiter-Uranus) erkannten aus den Konstellationen (Stern) eine Zeitqualität, die für die Geburt eines neuen Königs der Juden zutreffend war. Sie gingen zuerst zu Herodes[32] Antipas, dem »falschen König« der Juden, und gelangten

[32] Nach Wikipedia wird der Kindsmord Herodes dem Großen zugeschrieben; er starb jedoch 4 v. Chr.; sein Sohn Herodes Antipas regierte zu der Zeit Jesu bis zu seinem Tod 39 n. Chr.

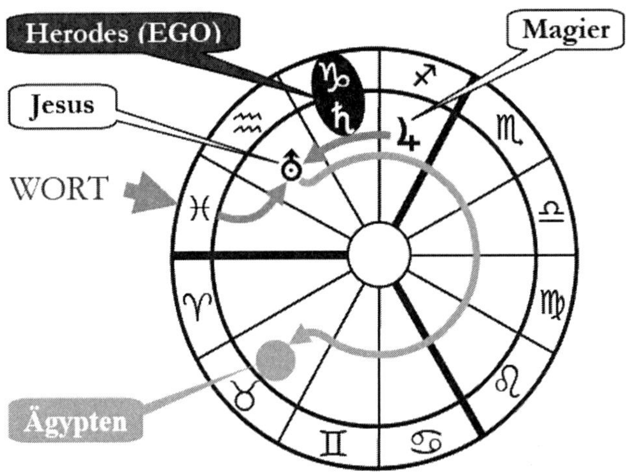

Abbildung 21: Jesus, Herodes und die Magier aus dem Morgenland

dann zu Jesus in Bethlehem, dem »neuen König«. Sie huldigten ihm, indem sie alle ihren Hut (Saturn) – dem Symbol ihrer Autorität – vor ihm zogen und brachten ihm kostbare Gaben (Gold, Weihrauch [Sonne], Myrrhe [Mond])[33]. Indem sie vor Jesus den Hut zogen, erkannten sie dessen Autorität für sie an. Symbolisch bedeutet dies, Jupiter – das Denken – unterwirft sich dem Uranus, der göttlichen Inspiration (siehe Abb. 20 und 21).

Obwohl nirgendwo im Neuen Testament erwähnt, ist – in späteren Ausschmückungen des Ereignisses – die Rede von *drei Weisen* oder *Königen*. Die Zahl 3, als Zahl der Synthese und möglicher Weisheit, repräsentiert in der Außenwelt und auch *in uns* den Archetypus des Jupiters. Natürlich verliert auch Jupiter in seiner Bindung an und in seinem Zusammenspiel mit Saturn seine Weisheit. Die urteilenden Gedanken (Jupiter-Saturn) programmieren dementsprechend den Verstand unseres Egos[34]. Um jedoch die Wirklichkeit zu verstehen und damit wahrhaft weise zu sein, muss unser

---

[33] Zuordnung nach Horst E. Miers, Lexikon des Geheimwissens

[34] Siehe auch: Chiron und Prometheus

Gedankenfeuer seine grundlegenden Ideen – seinen Sauerstoff – von der inspirierenden Luft des Uranus (Jesus) bekommen. Hierzu muss sich Jupiter dem Uranus gegenüber öffnen und den urteilenden Saturn meiden. Ebenso öffnen sich die Magier (Jupiter) Jesu (Uranus) und meiden auf ihrer Rückreise Herodes (Saturn).

Der König Herodes ist ein Gleichnis für unser Ego (Saturn), das in uns als »falscher König« die Herrschaft innehat. Da sich Herodes von dem »neugeborenen König der Juden« (Uranus) bedroht fühlt, lässt er alle Kinder im Alter Jesu umbringen. Ebenso tötet unser Ego (Saturn) alle aus der Inspiration (Uranus) stammenden Gedanken-Schöpfungen (Kinder).

Die Reise nach Ägypten

Nachdem die Magier weggezogen waren, erschien Joseph ein Engel im Traum und sprach zu ihm:

> Steh auf, nimm das Kind und seine Mutter zu dir und fliehe nach Ä g y p t e n , und bleibe dort, bis ich es dir sage! Denn Herodes wird das Kind suchen, um es umzubringen. Er aber stand auf, nahm das Kind und seine Mutter des Nachts zu sich und zog hin nach Ä g y p t e n . Und er war dort bis zum Tod des Herodes; damit erfüllt würde, was von dem Herrn geredet ist durch den Propheten, der spricht: »A u s Ä g y p t e n h a b e i c h m e i n e n S o h n g e r u f e n . (Mat. 2,13) [Hervorhebungen v. Verf.]

Das Reiseziel Ägypten ist uns schon vertraut, hat nicht der Prinz im Perlen-Lied dasselbe Reiseziel gehabt und riefen ihn nicht seine Eltern auch aus Ägypten zurück nach Hause? Ist nicht die Welt der Verkörperung (Stier) unser aller vorläufiges Reiseziel? Der göttliche Sohn in uns beginnt, mit dieser Reise seine Erfahrungen in der Welt der Dunkelheit und der Verkörperung zu sammeln.

»Herodes Antipas«, der zu der Zeit Jesu regierte (4 v. Chr.–39 n. Chr.), starb um 39 n. Chr. im Alter von ca. 59 Jahren. Demnach wäre Jesus im Alter von ca. 39 Jahren aus Ägypten zurückgekehrt. Andererseits schrieb man den Kindermord von Bethlehem

Herodes dem Großen zu, der allerdings schon 4 v. Chr. starb. Demnach hätte Jesus überhaupt nicht nach Ägypten fliehen müssen, es sei denn, er ist früher geboren. Vermutet wird seine Geburt zwischen 7. und 4 v. Christus. Das Geburtsjahr 7 v. Chr. würde auf die damalige dreifache *Große Konjunktion* (Jupiter-Saturn-Konjunktion) als Stern von Bethlehem hinweisen. Der Schweizer Astrologe Dieter Koch vermutet aufgrund einer genauen Analyse des Matthäusberichtes und weiterer biblischer Texte ein genaues Geburtsdatum: 1. Sept. 2 v. Chr., 4:30 Uhr. Er sieht im Stern von Bethlehem den heliakischen[35] Aufgang der Venus (Morgenstern).

Wann Jesus tatsächlich oder eben symbolisch aus Ägypten zurückkehrte, ist daher unklar. Da er als zwölfjähriger Knabe schon im Tempel lehrte (Luk. 2,41), wird wiederholt klar, dass die Erzählungen nie wörtlich genommen, sondern als Gleichnisse verstanden werden sollten. Der Zwölfjährige hat als Hintergrund die Zahl 12, deren Bedeutung mit dem zwölften hebräischen Buchstaben Lamed (ל) verbunden ist. Der 12-Jährige wird entsprechend der Buchstabenbedeutung zum »Licht, das ins menschliche (materielle) Dasein leuchtet«.

Das Leid des Menschensohns in »Ägypten«

Das in den Evangelien beschriebene Leiden und Sterben Jesu, seine Passion, ist in den Ereignissen der Karwoche zusammengefasst. Sie führt uns symbolisch, auf einen kurzen Zeitraum verdichtet, das unbewusste und lang andauernde Leid des göttlichen Sohnes (Uranus) in uns Menschen vor Augen, solange wir uns auf der Reise durch Ägypten befinden. Ägypten zu erleben heißt, in der Welt der Materie mit begrenztem Bewusstsein zu leben. Es ist die Welt unseres Egos, in dem Jupiter mit Saturn – der Schriftgelehrte – das

[35] Astrowiki: Ein heliakischer Aufgang findet statt an dem Tag, an dem der Himmelskörper in der Morgendämmerung erstmals (kurz vor der Sonne) wieder sichtbar wird.

Sagen hat, der den Uranus – und damit Jesus in uns – durch sein Urteilen infrage stellt und entmachtet. Unser Ego begegnet Jesus daher mit Verrat, Verleugnung, Verurteilung und Tötung!

Für uns sind diese Zusammenhänge nicht ganz leicht zu verstehen, da sich in der Schilderung des Lebens Jesu im Neuen Testament der vollbewusste Mensch mit seiner durchlichteten Lehrtätigkeit auf der einen Seite und seine Leidensgeschichte (Passion) in der Ego-Persönlichkeit auf der anderen Seite mischen.

Verrat des Judas Iskariot

Das grundlegende Leid des Gottessohnes entsteht in uns Menschen dadurch, dass unser Ego, geblendet vom materiellen Erfolg und von materiellen Werten (Stier), nicht mehr unsere göttliche Inspiration (Jesus, Uranus) gelten lässt. Im Gegensatz zu Jesus wirft sich das vom Satan (Saturn) verführte Ego vor ihm, der uns alle Reiche dieser Welt verspricht, nieder und betet ihn an, um Besitz, Erfolg und Ehren zu erlangen:

> Wiederum nimmt der Teufel ihn mit auf einen sehr hohen Berg und zeigt ihm alle Reiche der Welt und ihre Herrlichkeit und sprach zu ihm: Dies alles will ich dir geben, wenn du niederfallen und mich anbeten willst. Da spricht Jesus zu ihm: Geh hinweg, Satan! (Mat. 4,8)

Der Geist unseres Egos (Jupiter-Saturn) verrät den göttlichen Geist (Uranus) zugunsten der Materie. In der Schrift wird der Verrat auf den Jünger Judas projiziert:

> Aber Satan fuhr in Judas, ... Und er ging hin und besprach sich mit den Hohenpriestern und Hauptleuten, wie er ihn an sie überliefere. Und sie waren erfreut und kamen überein, ihm Geld zu geben. (Luk. 22,3)

Für das Ego ist der Geist in uns nicht mehr der Schöpfer allen Lebens und damit auch nicht mehr seiner materiellen Bedingungen. Sein SEIN zentriert sich immer mehr, zugunsten der materiellen Existenz und Absicherung, auf das Erschaffen und *Haben* materieller Güter (Stier-Venus). Er verrät damit – gleich Judas – die göttliche Inspiration (Uranus), aus der sich alles – auch das materiell Notwendige – in Harmonie ergeben würde.

Unser ganzes Leben wird zum Kampf um die materielle Sicherheit, um das Geld. Auf diese Weise beten wir Satan an. Wir werden seine Sklaven und wir vergessen darüber die Entfaltung unseres Selbst. Es gibt nur wenige, die sich nicht von materiellen Werten korrumpieren lassen und dadurch auch nicht ihre Entwicklung zum wahren Selbst hintenanstellen. Denken wir an den Tanz der Israeliten um das »Goldene Kalb« schon gleich nach der Flucht aus Ägypten, an die Verehrung des Molochs, dem wir unsere Kreativität (Kinder) opfern, an den Stier vor den Börsen der Welt und an den Stier des König Minos nebst dessen Nachkommenschaft, dem Minotaurus.

Das Abendmahl

In der Welt des Kapitalismus ist das »Brot«, von dem wir leben, vergiftet. Dabei geht es aber nicht um die Vergiftung unserer Nahrungsmittel durch Pestizide und Herbizide oder die Verarmung der Böden an Mineralstoffen als Folge der Monokulturen (Mond-Saturn) der industriellen Landwirtschaft. Nein, unsere *geistige* Nahrung ist vergiftet: Das »Brot des Lebens«, Jesus (Uranus) in der Krippe des Brothauses (Bethlehem). Wir alle leiden geistigen Hunger, da die Produkte unseres Geistes aufgrund »urteilender Gedanke« vergiftet sind. Denken wir dabei an Chiron. Er litt unter dem Gift der Hydra (Saturn, Schlange). Giftig wird unser Denken dann, wenn die Gedanken nicht mit der Wirklichkeit (dem Wirk-Licht = Uranus) übereinstimmen. Dies ist immer dann der Fall, wenn der Gedanke seinen Ursprung in einem Urteil (Saturn) hat. Um die Hungersnot zu heilen, erinnert uns Jesus im Abendmahl mit seinen Jüngern daran, dass Er das Brot des Lebens ist:

Während sie aber aßen, nahm Jesus Brot und segnete, brach und gab es den Jüngern und sprach: Nehmt, esst, dies ist mein Leib! Und er nahm einen

> Kelch und dankte und gab ihnen den und sprach: Trinkt alle daraus! Denn dies ist mein Blut des Bundes, das für viele vergossen wird zur Vergebung der Sünden. (Mat. 26,26)

Der Wein, symbolisch das Blut Jesu, bekommt seine Analogie aus dem *Geist* des Weines, dem Alkohol (Spiritus: Lebenshauch). Der Lebenshauch als Inspiration verweist auf das Luftelement des Uranus. Der Luft entspricht das sanguinische Temperament (lat. *sanguis*: das Blut).

Das Abendmahl verfolgt denselben Zweck wie der Brief der Eltern an den Prinzen im Perlen-Lied: Sich des Vorhandenen, aber Verborgenen (Perle, Uranus) zu erinnern, um es zu erlösen.

Die Verleugnung durch Simon Petrus

Petrus, der Fels (Saturn), ist die Kraft Luzifers in uns, die in das Urteilen gefallen ist und zum Satan wurde. Jesus selbst nannte ihn im Zusammenhang mit seiner Leidensankündigung Satan und vielleicht hätte er heute zu manch einem der Bischöfe, den Nachfolgern Petri Ähnliches gesagt:

> Er aber ... tadelte Petrus und sagte: Geh weg hinter mich, Satan! Denn du sinnst nicht auf das, was Gottes, sondern auf das, was der Menschen ist. (Mark. 8,33)

Daher ist es kein Wunder, dass es Petrus ist, der Jesus (Uranus) verleugnet. So wie analog in der griechischen Mythologie Kronos (Saturn) seinen Vater Uranos seiner Zeugungsfähigkeit beraubt, verleugnet Saturn (Petrus) Uranus (Jesus) in uns:

> Petrus aber antwortete und sprach zu ihm [Jesus]: Wenn sich alle an dir ärgern werden, ich werde mich niemals ärgern. Jesus sprach zu ihm: Wahrlich, ich sage dir, dass du in dieser Nacht, ehe der Hahn kräht, mich dreimal verleugnen wirst. Petrus spricht zu ihm: Selbst wenn ich mit dir sterben müsste, werde ich dich nicht verleugnen. (Mat. 26,33)

Kurz darauf verleugnete Petrus Jesus. Ebenso leugnet Saturn (Petrus) die uranische Inspiration (Jesus) als Ideen-Vorlage für seine zu schaffenden Formen. An die Stelle der individuellen göttlichen Form (Saturn-Uranus), die dem Selbst entspricht und allem ihre Einmaligkeit verleiht, tritt die menschliche Norm (Saturn), die der Gesellschaft entspricht. Von der Erfüllung von Normen verspricht sich unser Ego Anerkennung und Erfolg. Es gleicht damit die ihm fehlende Anerkennung für das eigene Selbst aus (Saturn-Kompensation). Dieses »gesellschaftlich determinierte Bewusstsein« überschattet uns und versperrt den Zugang zum Fluss des wahren Lebens unseres Selbst.

Die Verurteilung Jesu

Jupiter-Saturn – die urteilenden Gedanken und der Verstand unseres Egos – begegnen uns in den Schriften, Predigten und Vorlesungen der Schriftgelehrten, Hohenpriester, Gymnasial- und Hochschullehrer (Jupiter-Saturn). Deren Inhalte sind durchdrungen von Urteilen (Saturn), die sich mit dem Anspruch melden, alleine recht zu haben. In der Folge wird unser Verstand zum Ankläger gegenüber neuen, abweichenden Meinungen, Verhaltensweisen und Lehren.

Die Schriftgelehrten und Hohenpriester brachten Jesus vor den Repräsentanten der Gesellschaft (Saturn), den Statthalter von Judäa und Samaria: Pontius Pilatus. Sie klagten ihn an, damit er von diesem zum Tode verurteilt würde, weil er gegen die überlieferten Gesetze (Tora, Saturn) verstoßen habe. Pilatus fragte sie, warum sie ihn nicht selbst töten wollten? Darauf antworteten sie, dass ihnen das das Gesetz (fünftes Gebot) verbiete.

Auch unser urteilender Verstand (Jupiter-Saturn) möchte, dass die göttliche Inspiration (Uranus) in uns getötet wird, weil sie sich in unserem täglichen Leben nicht mit den Normen (Saturn) vereinbaren lässt. Sie wird, obwohl vollkommen schuldlos, vom Ego zum »Tode« verurteilt. Im Neuen Testament verlangte auch das Volk, von den Priestern aufgehetzt, die Verurteilung Jesu, obwohl Pilatus keinerlei Schuld an ihm finden konnte. Ebenso plädiert in uns das kollektive (gesellschaftliche) Bewusstsein unseres Egos für das Todesurteil. Es fürchtet, die gesellschaftliche Anerkennung zu verlieren und »sterben« zu müssen, wenn es der Inspiration folgen würde, so wie ein Wissenschaftler mundtot gemacht wird, sollten seine neuen Ideen (Uranus) von der gängigen Lehrmeinung (Jupiter-Saturn) abweichen. Der Prinz im »Lied vom Prinzen und der Perle« kleidet sich wie die Ägypter und isst deren Speisen (geistige Nahrung, Glaubenssätze) und vergisst darüber seine Herkunft und den Sinn seiner Reise.

Unser Ego bleibt gerne beim Alten und meidet die wirkliche Veränderung aus ANGST vor dem neuen Unbekannten. Auch in der Politik wählt das Volk in Mehrheit lieber konservativ! Ende der 1950-r-Jahre warb bei der Bundestagswahl in Deutschland eine konservative Partei mit dem Slogan: »Keine Experimente!«. Sie gewann damit die Wahl mit absoluter Mehrheit.

Jesus vor Herodes

Die Gestalt des Herodes gibt es auch in uns. Sie ist – wie schon mehrfach erwähnt – unser Ego, das sich als König unseres Seins aufspielt und das Licht in uns verachtet. Es hat Angst vor dem »wahren König« (Jesus, Uranus). Käme dieser an die Macht, dann müsste das Ego sterben. Entsprechend begegnet Herodes auch Jesus:

> Er befragte ihn [Jesus] aber mit vielen Worten; er jedoch antwortete ihm nichts. Die Hohenpriester und die Schriftgelehrten standen nun auf und verklagten ihn heftig. Als aber Herodes mit seinen Soldaten ihn geringschätzend behandelt und verspottet hatte, ... sandte er ihn an Pilatus zurück. (Luk. 23,9)

So wie das Geschehen im Außen geschildert wird, verhält es sich auch in uns. Unser Ego (Saturn, Herodes) nimmt die Inspirationen (Uranus, Jesus) nicht ernst, sondern verspottet sie als unrealistisch.

Dabei wird es nach allen Kräften vom urteilenden Verstand (Jupiter-Saturn, Hohepriester) unterstützt, der die Richtigkeit seiner Überzeugungen aus überkommenen Dogmen der jeweiligen Glaubensrichtung oder aus seinen subjektiven Erfahrungen ableitet. In *ihren* Schriften finden die Gelehrten ihre Bestätigung, jedoch fehlt diesen Schriften die Wahrheit. Auf der gleichen Ebene tragen die Priester und Professoren der verschiedenen Religionen und Fachgebiete tagtäglich ihren Streit um die Rechtgläubigkeit (Jupiter-Saturn) aus. Im Hintergrund treibt sie die ANGST, sich in Wirklichkeit zu irren. Ihren tatsächlichen Irrtum aber projizieren sie auf die anderen. In der christlichen Kirche streiten die Katholiken mit den Protestanten, in der Welt des Islam die Sunniten mit den Schiiten, die Juden geben sich als auserwähltes Volk distanziert und gemeinsam blicken sie auf die Hinduisten und Buddhisten herab und weigern sich, sogenannten Naturreligionen mit Verständnis zu begegnen.

Die Kreuzigung

Im Zentrum der christlichen Religion steht die Kreuzigung. Ihre symbolische Bedeutung ist nicht so leicht zu verstehen. Unsere Perspektive auf das Kreuz ist von den Schriftgelehrten (Theologen) und Hohenpriestern (Apostel, Bischöfe) geprägt worden. Erst ab dem 4. Jahrhundert wurde das Kreuz zum Symbol der Verehrung. Es mutierte vom Hinrichtungsgegenstand zum Sinnbild der Erlösung. War es ursprünglich ein Holzpfahl (Marterpfahl), so entwickelte sich dieser langsam zum Kreuz, an dem der Sohn Gottes für uns Gottlose den Opfertod zur Versöhnung zwischen Gott und den Menschen gestorben ist (Röm. 5,6). Dieser Opfertod wird am ausgeprägtesten von dem Apostel Paulus zur Aussöhnung und zum Liebeserweis Gottes gegenüber uns Menschen hochstilisiert. Dessen Bewusstsein war aber begrenzt. Dies können wir beispielsweise an der Aussage erkennen, die im Gegensatz zur Feindesliebe Jesu steht:

> Verabscheut das Böse, haltet fest am Guten! (Röm. 12,9)

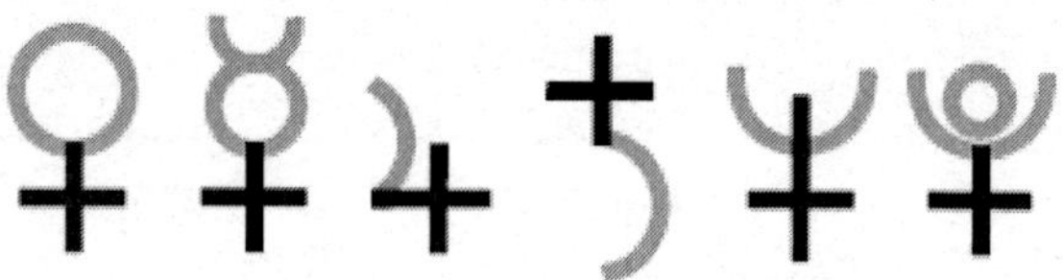

Abbildung 22: Die Kreuze in den Planetensymbolen

Aber genau diese Spaltung der Schöpfung hat den Sündenfall verursacht!

Zurück zum Kreuz. Eine zu den paulinischen Gedanken passende positive Deutung des Kreuzes sieht im Querbalken das IRDISCHE und im senkrechten Balken das HIMMLISCHE. Im Kreuz sind sie in einem Bund miteinander vereint. Diese Deutung geht aber an dem Schrecken des Kreuzes vorbei. Auch geht der Gebrauch in der Umgangssprache von einer gegensätzlichen Bedeutung aus. Mit jemandem »zu Kreuz zu liegen« bringt eine zwischenmenschliche Spannung zum Ausdruck. So gesehen kann das Kreuz auch gegenteilig gedeutet werden. In ihm liegt das Himmlische mit dem Irdischen zu Kreuz.

Astrologisch steht das Kreuz zum einen für die drei ZEICHENQUALITÄTEN kardinal, fix und beweglich. Zum anderen teilt es die 360° des Tierkreises in *vier* 90°-Distanzen, in Quadrat-Aspekte. Sie verbinden jeweils weibliche und männliche Energien miteinander, deren unterschiedliche Wirkungsrichtungen (weiblich, nach innen ↔ männlich, nach außen) im Ego Spannungen hervorrufen. Es ist die Spannung dieser Pole, welche den Wirbel der Lebenskonflikte entfacht. Das Kreuz steht damit für die REALITÄT des Lebens, das unser Ego führt.

Diese Bedeutung hat es auch in den Planetensymbolen (siehe Abb. 22). Bei diesen unterscheiden wir drei Realitäts-Ebenen. Beispielsweise bezieht sich das Kreuz der Stier-Venus auf die *körperliche*, das des Jungfrau-Merkurs auf die *seelische* und das des Saturns auf die *geistige* Realität. Zusätzlich kommt es darauf an, ob das Kreuz oben oder unten im Planetensymbol steht. Beim Neptun bestimmt das von oben Empfangene (Schale oben) die geistige Realität

(Kreuz unten), beim Saturn herrscht die geistige Realität (Kreuz oben) über das Empfangene (Schale unten) und beim Pluto bestimmt das zur Verwirklichung (Kreis) Empfangene (Schale) – beide über das Kreuz – die seelische Realität.

Die entscheidende Deutung liegt aber in der dem Kreuz zugrunde liegenden Zahl 4. Mit ihr ist der hebräische Buchstabe *Daleth* verbunden. Er steht für die Formgebung (Saturn) entsprechend der göttlichen Inspiration (Uranus). Aus dem Chaos (Quantenfeld) lässt er durch Konzentration der Feldenergien die Form (Saturn) des Geschaffenen entstehen. Die Zahl 4 ist die Zahl des Saturn. Auch der Quadrat-Aspekt (360° : 4 = 90°) trägt die Qualität des Saturn in sich. Der gefallene Saturn jedoch verführt uns in der Gestalt der Schlange zu urteilen und in der Folge die Schöpfung in Gut und Böse zu spalten. GUT und BÖSE liegen zueinander über Kreuz.

Das Kreuz wird damit zum Ausdruck des URTEILS und der Spaltung.

Es ist das Urteil, das die ganzheitliche Inspiration (Uranus) kreuzigt und tötet. Das Kreuz hört damit auf, Erlösungssymbol zu sein. Vielmehr wird Jesus am Kreuz zur PROJEKTION dessen, was dem Göttlichen Sohn (Uranus) in uns Menschen unbewusst angetan wurde und wird. Es will uns seine schreckliche Situation im Geist von uns Menschen bewusst machen. Gemäß dem Hermetischen Gesetz »wie innen, so außen« zeigen uns die Kreuze, denen wir im Außen begegnen, den Gekreuzigten in uns. Je strenger die Bewohner eines Landstrichs urteilen, desto mehr Kreuze und Kirchen mit Kreuzen auf ihren Türmen stehen in ihrer Gegend. Wenn uns dieses Leid Jesu in aller Schmerzhaftigkeit und Tödlichkeit wahrhaft bewusst wird, dann kann Heilung geschehen. In diesem Sinn kann das Kreuz der Bewusstwerdung (= Heilung) dienen.

Es ist daher keine Überraschung, dass im Evangelium nach Nikodemus das Holz des Kreuzes mit dem Holz des Baumes der Erkenntnis von GUT und BÖSE, also dem URTEIL, in Verbindung gebracht wird[36].

---

[36] Wikipedia: Baum der Erkenntnis/Ikonographie

Aus dem Urteilen (Saturn) folgt das Phänomen der Schuld. Ereignet sich in unserem Leben »Böses«, z.B. ein Unglück, oder es geschieht ein Fehler, dann suchen wir immer nach dem Schuldigen (Saturn). Wir tun dies reflexartig, um uns nicht selbst schuldig fühlen zu müssen. Meistens projizieren wir die Schuld auf die anderen, die Eltern, den Partner, die Kinder, die Arbeitskollegen, die Vorgesetzten, den Staat, aber auch auf den Hund, das Unkraut, die Kälte oder Hitze, die Trockenheit, die Nässe, die Bakterien, die Viren und vieles anderes mehr. Dabei vergessen wir vollkommen, dass wir die *alleinigen* – leider unbewussten – Schöpfer unseres Lebens sind[37]. Allein unser SELBST trägt die Verantwortung für *alles*, was sich in unserem Leben ereignet. Daher sagt Jesus (Mat. 10,38):

> ... und wer nicht sein Kreuz nimmt und mir nachfolgt, ist meiner nicht würdig.

Das *Kreuz auf sich nehmen* bedeutet, die Verantwortung[38] für *alles*, was auch immer in unserem Leben geschieht, auf sich zu nehmen und niemandem mehr für welche Ereignisse auch immer in unserem Leben die Schuld zuzuschieben. Nur in dieser Bewusstheit können wir unserer göttlichen Inspiration (Uranus, Jesus) folgen. Auf den gleichen Zusammenhang verweist der Satz aus dem VATER UNSER:

> ... und vergib uns unsere Schulden, wie auch wir unseren Schuldnern vergeben haben; ... (Mat. 6,12)

Jesus (Uranus) hätte sich gerne seiner Entmachtung durch das Ego (Saturn) des Menschen entzogen. Doch er akzeptiert die schicksalhafte Notwendigkeit der Kreuzigung zur Bewusstwerdung der geistigen Not der Menschen.:

> [Jesus] sprach: Vater, wenn du willst, nimm diesen Kelch von mir weg – doch nicht mein Wille, sondern der deine geschehe! (Luk. 22,42)

---

[37] Siehe auch: Die schöpferische Kraft des Menschen

[38] Die Verantwortung wird vom EGO meist auf Andere projiziert. Die tatsächliche Verantwortung liegt aber für alles in unserem Leben bei uns, (unserem) SELBST.

Jesus spricht das aus, was unendlich viele Menschen aus der Perspektive ihres vom Saturn beherrschten und dadurch begrenzten Bewusstseins vor und nach ihm sagten oder dachten:

> Mein Gott, mein Gott, warum hast du mich verlassen? (Mat. 27,46)

Die Herrschaft des Urteils (Saturn) in unserem Bewusstsein ist das Kreuz, an dem der Sohn Gottes (Uranus) in uns stirbt:

> [Jesus] sprach: Es ist vollbracht! Und er neigte das Haupt und übergab den Geist. (Joh. 19,30)

Die göttliche Inspiration, die uns wahrhaft lebendig sein lässt, erstirbt am Kreuz des Urteils und liegt in der Folge hinter einem Steinblock (Saturn) in einem Felsengrab. Von dort wird sie nach dem Tod des Egos auferstehen und aus Ägypten in ihre angestammte Heimat (himmlisches Jerusalem, Himmel, geistiges Drittel des Tierkreises) zurückkehren, um dort ihre ursprüngliche Herrschaft wieder zu übernehmen.

Kernbotschaft

In jedem von uns ist der Sohn Gottes eingeboren. Sein Licht ist Heiliger Geist, ist Inspiration und Nahrung für unsere Lebendigkeit. Er ist der geistige Schöpfungsauftrag (Uranus), der alleine – wenn wir ihn auf Erden verwirklichen – uns wirklich lebendig sein lässt. Ihn können wir nur leben, wenn wir frei (Uranus) von der Begrenzung des Urteilens sind (Saturn).

Solange aber unser Bewusstsein durch das URTEIL (Saturn) verdunkelt und dadurch unser Ego an der Macht ist, liegt der Sohn Gottes wie tot in uns begraben. Ist er tot, so ist unser Leben mit dem Tod verbunden und wir sind nicht wirklich lebendig. Wird er in uns lebendig, dann haben wir den Tod überwunden und das ewige Leben gefunden, so die Verheißung Jesu.

Leben wir aber unser Ego, wie es die meisten Menschen ebenfalls tun, dann dreht sich unser Leben darum, leistungsbewusst und erfolgreich in unserem Kollektiv (Gesellschaft) zu sein. Dies macht zwar nach einer weitverbreiteten Auffassung einen GUTEN MENSCHEN aus. Wir leben dann jedoch ein gesellschaftlich bestimmtes (Saturn-Pluto) und kein von unserem SELBST inspiriertes Leben: Das SELBST ist tot, es lebe die Gesellschaft! Die Gesellschaft gleicht dabei einem Vampir, der den Mitgliedern ihre Lebensenergie abzieht, um mit ihr die Illusion vielfältiger Lebendigkeit in gesellschaftskonformen Grenzen zu erzeugen. Wäre der Mensch ein Kollektivwesen, dann wäre diese Lebensweise angebracht. Er ist aber ein Original, das sich von allen anderen Originalen unterscheiden sollte!

Die Heimkehr, der Auszug aus Ägypten

Die Rückkehr Jesu als Christus feiern die Christen als Osterfest. Es ist der gleiche Termin, an dem die Juden ihr Pessach, den Auszug der Israeliten aus *Ägypten* und damit in analoger Weise die Befreiung von der materiellen Sklaverei feiern. Das hebräische Wort für Pessach, פֶּסַח, beschreibt mit seinen Buchstaben, um was es dabei wirklich geht. Gelesen wird von rechts nach links. *Phe*, der erste hebräische Buchstabe, deutet auf die Offenbarung der göttlichen Idee, des Lichts, und die damit verbundene Erlösung. *Samek*, der zweite Buchstabe verweist auf die Schlange und die mit ihr verbundene ICH-Bezogenheit. *Chet*, der dritte Buchstabe beschreibt die Trennung. Zusammen ergibt sich die Bedeutung:

> Die Offenbarung des Lichts führt zur Trennung von der »Schlange der ICH-Bezogenheit« (Ägypten).[39]

In der Bedeutung gleicht das Osterfest dem Pessach. Der Menschensohn Jesus gelangt zu seiner Erlösung vom Ego und wird CHRISTUS, der »Gesalbte«. Das Salböl wird im Alten Testament (2. Mo 30,23) in seiner Zusammensetzung beschrieben. Die Salbung Jesu erinnert aber eher an die Salbung mit dem Öl vom *Baum des Erbarmens*. Er steht neben dem *Baum des Lebens* und dem *Baum der Erkenntnis* ebenfalls im Paradies. Dessen Öl sollte Adams Sohn Seth zur Heilung seines tödlich erkrankten Vaters – er litt unter dem Sündenfall – von dort holen (Evangelium nach Nikodemus 21). Das Öl heilt jegliche Krankheiten, die ja allesamt Folgen des Sündenfalls sind. Wer also mit diesem Öl gesalbt wird, dessen Geist ist vom Sündenfall befreit, von seinem Ego erlöst und wahrhaft HEIL. Er wird zum Messias.

Messias, hebräisch משיח, erklärt sich wie schon der Begriff Pessach ebenfalls aus den hebräischen Buchstaben. *Mem* beschreibt die Empfänglichkeit, das Wasser, über dem der Geist Gottes schwebt.

---

39 Deutung in Anlehnung an M. Kahir MYSTIK UND MAGIE DER SPRACHE, Wiesbaden 1996

Schin verweist auf den Sieg des göttlichen Bewusstseins, die Erleuchtung. *Jod* deutet auf den Wiederaufstieg des Lichts ins Geistige (Himmelfahrt) und *Chet* beschreibt den einzelnen Menschen als Sohn Gottes (Menschensohn). Zusammen ergibt sich die Bedeutung:

> Der Empfang (Neptun) des göttlichen Geistes bewirkt göttliches Bewusstsein und bewirkt die Himmelfahrt des Menschensohns.[40]

Sind diese wundersamen Begebenheiten nur dem »auserwählten Volk«, den Israeliten vorbehalten? Oder gehört jeder erlöste Mensch unabhängig von seiner Herkunft, Rasse und geistigen Überzeugung zum *auserwählten Volk* Israel? Auskunft hierzu gibt uns wiederum die Wortbedeutung von Israel, hebräisch ישראל. Aus der Buchstabenfolge ergibt sich die folgende Deutung:

> Die Kinder Israels gehen den Weg der Erkenntnis (Jod), und nach dem Sieg des göttlichen Bewusstseins (Schin) auferstanden aus dem Grab der Materie (Resch), bringen sie in göttlicher Schöpfungsaktivität (Aleph) das Licht (Leben) in die Materie (Körper) (Lamed).[41]

Auserwählt ist damit jeder Mensch, dessen göttlicher Geist (Uranus) wie Jesus aus dem Felsen-Grab (Saturn) des Ego auferstanden ist, dessen göttliches Licht wieder leuchtet und der es in der Geist-, Seelen- und Körperwelt wirken lässt.

Im Zusammenhang mit dem Pessach, der Feier zum Auszug der Israeliten aus Ägypten, ist es üblich, Lämmer zu schlachten und zu opfern. Das Lamm wurde nun im Zuge der Auferstehung zum Symbol der Auferstehung Jesu Christi. Hierzu trug die Aussage Johannes des Täufers bei, als er auf Jesus traf:

> Siehe, das Lamm Gottes, das die Sünde der Welt hinwegnimmt. (Joh. 1,29)

---

[40] Deutung in Anlehnung an M. Kahir MYSTIK UND MAGIE DER SPRACHE, Wiesbaden 1996

[41] Deutung in Anlehnung an M. Kahir MYSTIK UND MAGIE DER SPRACHE, Wiesbaden 1996

Ersetzen wir das Lamm durch die Wortwurzel »Lam« des hebräischen Buchstabens *Lamed*[42] (ל), dann offenbart sich uns eine tiefere Bedeutung des sogenannten Lamm Gottes (Agnus Dei). Es handelt sich um das in die Materie hinabgestiegene zeugende göttliche Licht (Uranus). Von demjenigen, den es erleuchtet, sind alle Sünden weggenommen. Sünde ist dabei nicht als Böses oder Schuld zu verstehen, sondern als die Trennung von der Einheit durch unser spaltendes Bewusstsein. *Sünde* meint unsere Ab*sonde*rung aus der göttlichen Welt des Paradieses. Es ist also nicht der um die Zeitenwende geborene Jesus, sondern die göttliche Inspiration (Uranus) in jedem einzelnen Menschen, die uns von der Absonderung (Sünde) von Gott befreit, sofern sie in uns aus dem Zustand des Todes erwacht ist. Im Übrigen begegnet uns die Silbe »lam« im Zusammenhang mit dem Licht[43] in der *Lam*-pe, im Wort Is-*lam* (Hingabe des göttlichen Lichts an den Menschen) oder dem glitzernden *Lam*-etta. Hierzu gehört auch die Symbolik des *Lam*(m)es Gottes, das dem Licht Gottes entspricht und nichts mit dem jungen Schaf zu tun hat.

Die Auferstehung

Nach dem Tod Jesu am Kreuz hadert Hades mit dem Satan:

> Hades [...] sprach zu ihm [Satan]: Beelzebub, Erbe des Feuers und der Pein, Feind der Heiligen! Sieh, was du angerichtet hast! Den König der Herrlichkeit hast du kreuzigen lassen und jetzt ist er hierher gekommen und hat uns entmachtet! Blick um dich: Kein Toter ist mir geblieben, und alle, die du durch das H o l z d e s B a u m e s d e r E r k e n n t n i s gewonnen hast, verlierst du nun durch das H o l z d e s K r e u z e s. Worauf du stolz warst, gereicht dir nun zur Trauer. Den König der Herrlichkeit hast du töten wollen, und hast dich selbst getötet. (Ev. n. Nikodemus 25) [Einfügung v. Verf.]

---

[42] Deutung in Anlehnung an M. Kahir MYSTIK UND MAGIE DER SPRACHE, Wiesbaden 1996

[43] Deutung in Anlehnung an M. Kahir MYSTIK UND MAGIE DER SPRACHE, Wiesbaden 1996

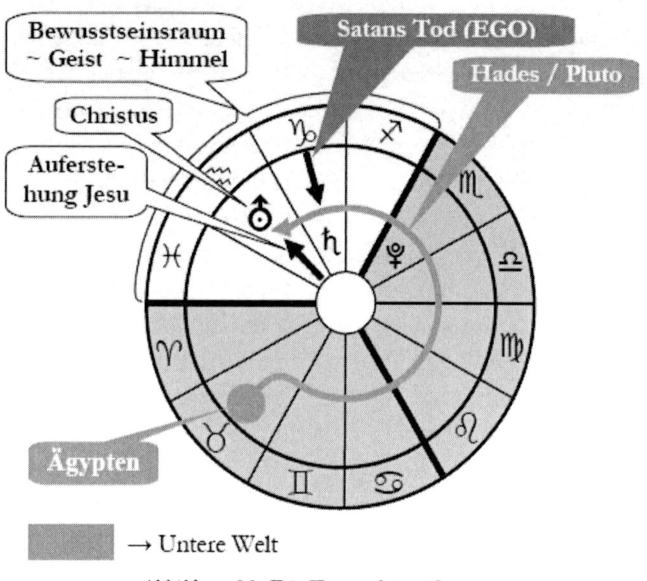

Abbildung 23: Die Entmachtung Saturns

Um im Himmel (Bewusstsein, Geist) des Menschen die ursprüngliche Macht wieder zu übernehmen, muss der Sohn Gottes (Uranus), der »König der Herrlichkeit«, die Macht des Saturns und die durch seine Spaltung geschaffene Hölle (Pluto) überwinden (Abb. 23).

Das LICHT ist die göttliche Schöpfung. Hören wir auf, sie zu spalten, dann vereint sich der »gute» Teil mit dem »bösen« Teil zur ursprünglichen göttlichen EINHEIT. Im gleichen Moment, in dem wir die Einheit wieder zulassen, verschwindet auch die Hölle!

Um es in der Sprache der Märchen wie etwa in DER FROSCHKÖNIG ODER DER EISERNE HEINRICH auszudrücken: Wir bekommen die in den Brunnen des Unbewussten gefallene goldene Kugel – das Symbol der Ganzheit – wieder zurück. Das Licht leuchtet im Menschen dann wieder auf, wenn er sein »Kreuz auf sich nimmt«, wenn ihm seine alleinige Verantwortung (Schuld) am Leid (Unheil) seines SELBST bewusst wird. Hört er *wirklich* auf zu urteilen, dann ist die Ordnung in seinem Himmel (Bewusstsein) wiederhergestellt und die Dunkelheit ist in ihm überwunden. Im Glanz der göttlichen Schöpfung kann kein Urteil mehr bestehen bleiben. Der Fluss der Schöpfung beginnt wieder ohne jegliches Unheil in unserem Bewusstseinsraum zu fließen (Neptun) und die Lebendigkeit, welche der Inspiration entspringt (Uranus), kehrt zurück.

Abbildung 24: Tarotkarte XX

Entscheide dich aber niemals mit dem Verstand deines Egos, mit dem Urteilen aufzuhören. Das auf diese Weise verdrängte Urteil kehrt stärker denn je über die Außenwelt zu dir zurück (Projektion).

Die zurückgekehrte Lebendigkeit zeigt im Tarot die Karte XX (siehe Abb. 24). Die Information aus dem Himmel (Inspiration, Uranus), dargestellt als Engel mit einer tönenden goldenen Posaune, ist uns wieder zugänglich. Die Inspiration lässt uns Menschen wahrhaft lebendig werden und den Tod unseres Geistes überwinden. Die Menschen steigen aus ihren Gräbern und begeben sich in den Fluss des Lebens (Neptun). Der Sohn Gottes (Uranus) sitzt in uns wieder an seinem *angestammten* Platz und *trennt* in uns das Lebendige vom Toten. Im christlichen Großen Glaubensbekenntnis[44] tönt die Trennung leider nach Gericht, da in ihm der Schleier (Vorhang) des Urteilens noch nicht durchbrochen ist:

[44] Nicaeno-Konstantinopolitanum bzw. Großes Glaubensbekenntnis

Er sitzt zur Rechten des Vaters und wird wiederkommen in Herrlichkeit, zu richten die Lebenden und die Toten;

In einem Gericht wird geurteilt. Daher trifft die Vorstellung eines Gerichts nicht den erlösten und urteilsfreien Zustand des Bewusstseins.

Anders schildert das Matthäus-Evangelium – am Ende der Kreuzigung – die Essenz des »Kreuz-auf-sich-Nehmens«. Der Schleier in unserem Bewusstsein (Tempel) und die Felsen (Saturn, Urteile) in ihm zerreißen:

Und siehe, der V o r h a n g des Tempels zerriss in zwei Stücke, von oben bis unten; und die Erde erbebte, und die F e l s e n zerrissen, und die Grüfte öffneten sich, und viele Leiber der entschlafenen Heiligen wurden auferweckt, ... (Mat. 27,51)

Der Vorhang symbolisiert die Begrenzung unseres Bewusstseins und die Felsen unsere Urteile. Sehr treffend wird die unmittelbare Folge des »Kreuz-auf-sich-Nehmens« im Menschen auch analog zum Tarot – Karte XX – durch den zwanzigsten Buchstaben (ר) des hebräischen Alphabets beschrieben: Der Buchstabe *Resch* steht für das *Erwachen vom geistigen Tod und das Handeln aus Weisheit.*

Das Osterfest

Feiern wir die Niederkunft des göttlichen Sohnes *in uns* Menschen an Weihnachten, so feiern wir nach dessen Tod *in uns* seine Auferstehung *in uns* an Ostern. Ebenso wie Weihnachten ist Ostern ein Fest, das auf uralte »heidnische« (nichtchristliche) Feiern zurückzuführen ist. Dabei kann man feststellen, dass die heidnischen und christlichen Inhalte viel Analoges schildern und feiern. Das Osterfest ist aus der Sicht der Bewohner der Nordhalbkugel ein Frühlingsfest. Gefeiert wurde der erste Vollmond nach der Tagundnachtgleiche. Ostersonntag fällt immer auf den ersten Sonntag *nach* Frühlingsvollmond, ein kirchlicher Schachzug, um sich von dem heidnisch-kosmischen Ursprung zu befreien. Frühlingsfeste feiern die hervorbrechende Lebendigkeit nach einer langen Phase des Stillstandes bzw. »Todes«.

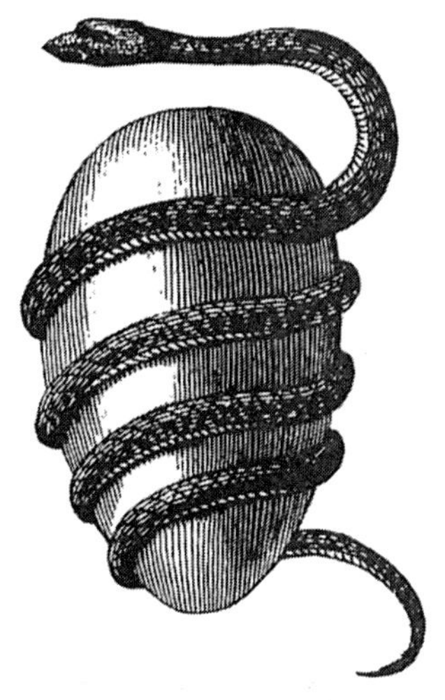

Abbildung 25: Das Weltenei

Jakob Grimm (Gebrüder Grimm) verwies auf die von ihm vermutete germanische Frühlings- bzw. Himmelsgöttin Ostara, der das Ei und der Hase heilig sind. Ei und (Oster-)Hase sind in ihrer Symbolik viel mehr, als nur Umsatz steigernde Zutaten zum Ostergeschäft. Das Ei ist das Fruchtbarkeitssymbol schlechthin. Als »Weltenei«[45] (siehe Abb. 25) ist es Sinnbild der Totalität aller schöpferischen Kräfte. Von der Schlange umschlungen, verweist es jedoch auf die schöpferischen Kräfte, die unter dem Einfluss des »Sündenfalls«, unter den Bedingungen des URTEILENS stehen.

Mithilfe des Welteneies wird versucht zu erklären, wie aus dem ewigen, unendlichen, in sich ruhenden, zeit- und formlosen Geist, den wir GOTT nennen, die Formen schaffende Schöpferkraft (Logos, Wort) entsteht. Das Ei lässt den orphischen Gott Phanes, den »Leuchtenden« bzw. das Licht, entstehen. Denken wir in diesem Zusammenhang an die Schöpfung der Welt im Alten Testament:

Es werde Licht! Und es wurde Licht. (1. Mos. 1,3)

In der Vorstellungswelt der heutigen Physik begegnet uns das Licht als Informationsschwingung (Photon) des Elektrons. Licht kann als göttliche Information verstanden werden, die in Verbindung mit unserem Bewusstsein zur Inspiration (Uranus) wird.

---

45 Das Weltenei, Jacob Bryant's Orphic Egg (1774)

Abbildung 26: Mithras als Phanes

Christen feiern die *Erscheinung des Göttlichen* als Epiphanie (hervorleuchten) am 6. Januar. Einer der mit Phanes verbundenen Gestalten ist der persische Gott Mithras (siehe Abb. 26).

In der Abbildung des Phanes im Ei des Tierkreises deutet die umschlingende Schlange darauf hin, dass die schöpferische Kraft des Menschen (Uranus), wie die des Welteneies, im UR-TEIL (Saturn) gefangen ist (siehe Abb. 25 und 26). Sie deutet damit auf eine Analogie zum Sündenfall, zur Kastration des Uranos durch Kronos (Saturn) und zur Kreuzigung Jesu hin.

Auch der Hase ist ein Fruchtbarkeitssymbol. Er wirkt jedoch auf einer anderen Ebene. Bringt das Ei seine »Schöpfungen« auf der *geistigen* Ebene des Logos und in der Folge des Neptuns hervor, so bringt der Hase als Mond-Symbol das Leben auf der *körperlichen* Ebene hervor. Der Mond ist ja die »Herrin« und Gebärerin der lebendigen Körperwelt, der Natur.

Erinnern wir uns! Zum Ende der Weihnachtsgeschichte ist der Menschensohn mit seiner Göttlichkeit in Ägypten unter die Räder (Schicksalsrad) gekommen. Und nun folgt mit dem Osterfest die Fortsetzung seiner Entwicklung. So ist Ostern das Fest der Rückkehr des göttlichen Menschen nach Jerusalem (Paradies). Der verlorene Sohn kehrt nach Hause zurück. Der hermetischen Lehre folgend findet diese Rückkehr zu gegebener Zeit in jedem einzelnen

Menschen statt und gipfelt in der Erleuchtung, der Auferstehung des göttlichen Lichts (Jesus, Uranus) in uns allen.

Bewusstwerdung und Heimkehr

Die Rückkehr Jesu in den Himmel des Menschen ist ein in mehreren Etappen verlaufender *Bewusstwerdungsprozess*, der uns als Tage der Karwoche geschildert wird. Der Name »Karwoche« leitet sich von dem althochdeutschen »Kara« ab, was Klage, Kummer, Trauer bedeutet.

Auf unserem Weg nach Jerusalem, der ein Weg schrittweiser *schmerzhafter Klage und Trauer* ist, ist der erste wichtige Schritt (Gründonnerstag) die Erinnerung an den inneren Jesus. Hierzu dient das Ritual des Abendmahls. In dem folgenden Schritt wird uns bewusst, dass wir ihn (in Ägypten) als Ego verraten (Judas), verleugnet (Petrus) und obwohl selbst Pilatus keine Schuld an ihm finden konnte, verurteilt haben (Saturn). Wir folgten, um in Ägypten nicht aufzufallen, einfach dem Kollektivverhalten (Saturn). Das »Volk« forderte seine Verurteilung und wir stimmten aus Angst zu. Uns wird daraufhin bewusst, wie unser Ego (Saturn) in der Gestalt des Herodes mit ihm Hohn und Spott getrieben hat. Im nächsten Schritt der Bewusstwerdung (Karfreitag) durchleiden wir die Kreuzigung, welche die Entmachtung des Göttlichen in uns und den Tod wirklicher Lebendigkeit zur Folge hat. Uns wird bewusst, dass wir Jesus – unsere wahre geistige Lebendigkeit (Uranus) – in uns getötet und unter einer mächtigen Steinplatte im Felsengrab (Saturn) beerdigt haben (Karsamstag) und stattdessen nach den Normen (Saturn) und Erwartungen (Pluto) der Gesellschaft Ägyptens gelebt haben: ein fremdes Leben, einem Zombie gleich. Dieses »schale« Leben langweilte und langweilt uns und wir suchen ständig nach einem neuen Kick, um der Schalheit zu entkommen, letztendlich jedoch vergeblich.

Nachdem uns das Grauen, das wir unserem Uranus (göttliches Licht) aus unserer urteilenden Perspektive (Saturn, Ego) angetan haben, bewusst geworden ist, kommt es zur Rehabilitation und Wiederauferstehung unseres uranischen Geistes. Wir verabschieden uns von »Ägypten«. Wir bekommen unser Strahlenkleid wieder zurück und sind wieder LEBENDIG!

Astrologische Reiseperspektiven

Die Dreiheit Geist-Seele-Körper

Wen auch immer wir zu seinem Verständnis von Geist und Seele befragen, die Antworten könnten unterschiedlicher nicht ausfallen. Daher erscheint es mir sinnvoll, die dem vorliegenden Buch zugrundeliegende Auffassung zu umreißen. Sie ist sicherlich subjektiv und vereinfachend. Sie orientiert sich unter anderem an den Vorstellungen des griechischen Philosophen Platon. Nach seinen Überlegungen agieren Seele und Körper miteinander. Die Seele ist das belebende Prinzip des Körpers. Der sterbliche Körper ist die zeitweilige Wohnstatt – er nennt sie sogar »Gefängnis« – der unsterblichen Seele und ist der Seele untergeordnet. Die Seele wiederum zerfällt in zwei Teile. Der niedere nichtrationale Seelenteil – die triebhafte Seele – wirkt über das Begehren (Pluto, Waage-Venus) und das Wollen (Sonne). Mit ihr sind Affekte, Triebe und negative Gefühlregungen verbunden. Auf diesen Teil wirkt der zweite Teil der Seele – die Vernunft-Seele – ein. Die Vernunftseele strebt nach Wissen (Jupiter) und weiß scheinbar, was gut ist (Saturn, Beurteilung). Sie strebt dem »Höheren« entgegen. Es liegt nahe, die Vernunftseele mit dem menschlichen Geist gleichzusetzen, der die Seele (triebhafte Seele) und den Körper leiten und beherrschen soll (Abb. 27). Letztendlich ist es dieser Geist der Seele, der unsterblich ist.

Mithilfe seines Geistes tritt der Mensch in Verbindung (Resonanz) mit dem schöpferischen Geist, dem Logos. Von ihm erhalten wir das individuierte Licht, die göttliche Inspiration. Diese transformiert unser Geist in eine äußerst vitale Gedankenwelt (Jupiter, geistige Vitalität). Unsere Seele transformiert die Gedanken in den Verwirklichungswillen (Sonne, seelische Vitalität) und unser Körper transformiert das Gewollte in die Tat (Mars, körperliche Vitalität; siehe Abb. 27).

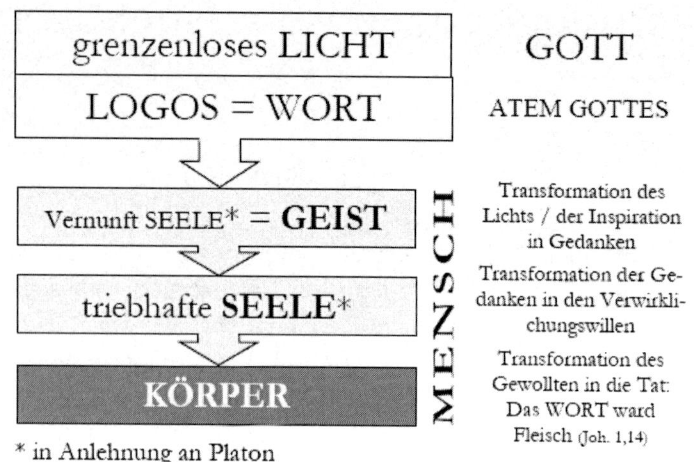

Abbildung 27: Geist – Körper – Seele

Diese Dreiteilung des Menschen können wir auf den Tierkreis übertragen, müssen jedoch die übliche Quadranten-Teilung hierfür überschreiten (siehe Abb. 28). Ein weiterer Vorteil der Dreiteilung besteht darin, dass Geist, Seele und Körper jeweils über alle vier Elemente (Wasser, Luft, Erde, Feuer) verfügen, sie also tatsächliche Einheiten bzw. Ganzheiten unterschiedlicher Dichte bilden.

Der Körper – gesteuert von der Seele – macht das, was die Seele will, und die Seele – gesteuert von dem Geist – das, was der Geist will. Diese Handlungsabfolge ist deshalb möglich, weil jedes Drittel – der Geist, die Seele und der Körper – im Uhrzeigersinn mit einem Wasserzeichen, also einem empfänglichen Zeichen, beginnt. Dieses macht den jeweils folgenden Bereich empfänglich für die übergeordnete Ebene. Krebs-Mond ist empfänglich gegenüber der Seele, Skorpion-Pluto gegenüber dem Geist und Fische-Neptun gegenüber dem Logos (Wort). Der Geist sollte das wollen, wozu das WORT ihn inspiriert. In ihm hat jedoch Saturn – unser *freier Wille zu urteilen* – in Verbindung mit dem Jupiter die Macht übernommen. Sie trennen uns in unserem Geist (Bewusstsein) von der Inspiration (Uranus).

Die Materie, aus der unser Körper besteht, folgt einer von der Seele

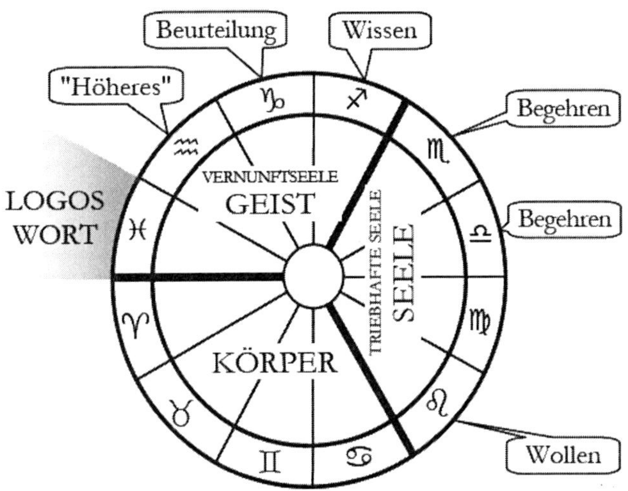

Abbildung 28: Geist, Seele und Körper im Tierkreis mit den Strebungen in Anlehnung an Plato

vorgegebenen Ordnung. In ihr ist die Energie so stark verdichtet, dass sie unseren Sinnesorganen fest und undurchdringlich erscheint. Dennoch besteht sie nach den Vorstellungen der Atomphysik aus 99,999999999 % leerem Raum. Die Seele besitzt in der Löwe-Sonne die Kraft, ihre Ordnung zu bewirken. Die Materie hat jedoch die Tendenz, zum ursprünglichen Zustand maximaler Unordnung (Chaos) zurückzukehren (Entropie). Der Körper behält also seine Form nicht auf die Dauer. Verlässt die Seele – die ordnende Kraft – den Körper, so zerfällt er zu dem »Staub«, aus dem er gemacht wurde.

Der Schöpfungsweg im Tierkreis

Aus der griechischen Mythologie kennen wir die *Theogonie*, wie sie uns vom griechischen Dichter Hesiod (ca. 700 v. Chr.) überliefert wurde. Sie beschreibt die Entstehung und Generationenfolge der Götter. Die griechische Kultur, als eine der prägenden Kulturen des Widder-Zeitalters (ca. 2440–280 v. Chr.), begann etwa im 16. Jh. v.

Chr. und endete 146 v. Chr. mit der Integration Griechenlands in das Römische Reich.

Theogonie	Schöpfungsschritte
LOGOS, WORT	Geist GOTTES. Schöpferische Energie GOTTES. Das schöpferische LICHT.
CHAOS	Die wüste und leere »Erde«. Das Energiefeld (Quantenfeld) ohne jegliche Ordnung (wüst) und Schöpfungsinformation (leer).
GAIA, Neptun, Maria, Maya	Die Wasser der Erde (Meer als Symbol), über denen der Geist Gottes schwebt. Die geistige Empfänglichkeit der Erde (Gaia) gegenüber dem WORT.
URANOS, Uranus, Christus, Mithras	Das individuierte LICHT. Die individuelle Schöpfungsidee als Verwirklichungsauftrag an den Menschen. Inspiration (Einhauchung); der Atem GOTTES, der die Seele lebendig macht (1. Mos. 2,7). Kosmos (Ordnung) im Gegensatz zum Chaos.
KRONOS, Saturn	Die Form in der Zeit, die aus der Inspiration resultiert. Sie entsteht durch Konzentration der Feldenergien. Sie ist die erste AntWORT (Ver-AntWORT-ung) des Menschen auf die Schöpfungsidee.
ZEUS, Jupiter	Der Gedanke. Die Antwort/Form erregt das geistige Feuer (Begeisterung). Das Gedenken an die Schöpfungsidee. Der geistige Wille.
KORE HADES Persephone) Pluto	Der befruchtende Gedanke betritt die Unterwelt (Seele) und wird zur verpflichtenden Vorstellung (Bild).

Abbildung 29: Theogonie und Schöpfungsschritte

Die Theogonie des Hesiod entstand in der Spätzeit des Widder-Zeitalters. Es ist also nicht zu erwarten, dass sie den Stammbaum der Götter in ihrer reinen, ursprünglichen Form übermittelt. Vielmehr haben die unterschiedlichsten Interessen der kommenden und gehenden Herrscher und ihrer Priester nebst deren ungleicher Bewusstheit über diese lange Zeit dazu geführt, dass sich die Hierarchien der Götter immer wieder verschoben haben. Interessengeleitet wurden Mythen erweitert und auch wieder begrenzt. Hauptgötter wurden zu Nebengöttern und lokale Götter wurden zu Hauptgöttern.

Wie stark die interessengeleiteten Umbauten in der jeweiligen Götterwelt waren, zeigt sich beispielsweise an Zeus, der als Urenkel der Gaia, als Enkel des Uranos und als Sohn des Kronos zum höchsten Gott in der griechischen Mythologie aufstieg. Auch heute genießt er die überhöhte, oft unreflektierte Verehrung vieler, die sich mit Astrologie beschäftigen.

Dennoch hat sich eine Theogonie erhalten, die eine verblüffende Parallele zum Tierkreis aufweist. Um sie nachzuvollziehen, müssen wir am sogenannten Ende des Tierkreises – bei dem Zeichen der Fische – beginnen und ihm im Uhrzeigersinn (Ur-zeige-sinn) folgen. So zeigt sich im geistigen Drittel des Tierkreises der jeweilige planetare Herrscher des Zeichens als Kind des vorherigen Zeichenherrschers. Uranos ist der Sohn Gaias (Neptun), Kronos (Saturn) ist der Sohn des Uranos, Zeus (Jupiter) ist der Sohn des Kronos (Saturn) und der Auftrag des Zeus an Pluto betritt als dessen Tochter Kore die Untere Welt.

Diese Abfolge – *eines entsteht aus dem anderen* – geschieht im Geist des Menschen bei jeder seiner Schöpfungsaktivitäten. Die ursprüngliche Generationenfolge der Götter ist hierfür ein Gleichnis (siehe Abb. 29).

Ursprünglich war Uranos der Herr des Himmels (= Geist, Bewusstsein). Der Himmel im Menschen ist sein Bewusstseinsraum, in dem die geistigen Informations- und Energiewirbel den Fluss der Schöpfung bilden. Menschliches Bewusstsein, menschlicher Geist

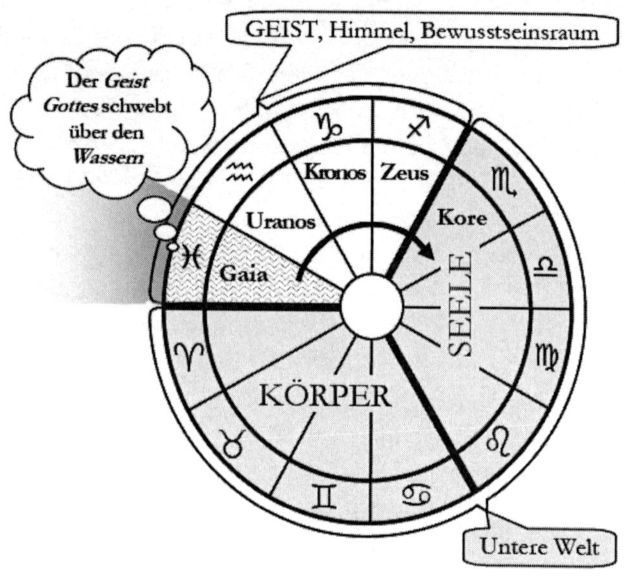

Abbildung 30: Die Theogonie im geistigen Drittel des Tierkreises

und menschlicher Himmel können in diesem Zusammenhang bedeutungsgleich verstanden werden. Solange Uranos – der männliche Saturn (Kronos) der alten Astrologie – Herr des Himmels war, lebten wir Menschen im *Goldenen Zeitalter.*

Am Anfang steht der schöpferische Geist Gottes: der LOGOS (Ausspruch GOTTES, das WORT). Gaia empfing von ihm ihren Schöpfungsauftrag und gebar ihn als

→ göttliche *Inspiration* (Einhauchung) bzw. das göttliche Kind Uranos in den menschlichen Bewusstseinsraum.

→ Das Kind der Inspiration (Uranos) war die zu ihr passende *Form in der Zeit,* die Kronos (Saturn) als seine Antwort der Inspiration verleiht.

→ Das Kind der Form gewordenen Inspiration ist das geistige Feuer des Zeus (Jupiter): der *Gedanke* und das mit ihm verbundene *Feuer der Begeisterung* als Ausdruck des geistigen Wollens. Soweit die Parallele der Theogonie zu den geistigen Planeten (siehe Abb. 30).

Zur Verdeutlichung sei hier ein Ablauf aus dem Bereich der Technik geschildert. Ein Erfinder hat plötzlich eine geniale Idee (Uranus). Im nächsten Schritt sucht er für diese Idee auf der geistigen Ebene eine passende und realisierbare Form (Saturn), die er in einer Konstruktionszeichnung (Saturn) skizziert. Diese nimmt seine Gedankenwelt (Jupiter) zunehmend in Anspruch und er tut in seiner Begeisterung alles (Kore) dazu, um seine Konstruktion im Materiellen zu verwirklichen.

Bei dem Schöpfungsablauf im Bereich der Seele und des Körpers – in der unteren Welt (Unterwelt) – verliert sich die Generationenfolge der Götter und richtet sich nach der Folge der Tierkreiszeichen im Uhrzeigersinn. Der Gedanke Jupiters – überbracht von Kore – wird vom bindenden Wasser des Skorpions (Pluto) empfangen und es gebiert die Bilder, Vorstellungen und Pläne, die aus dem Gedanken resultieren. Sie sind für die SEELE verbindliche Verwirklichungsaufträge. Hat das geistige Kind des Jupiters die untere Welt (Seele, Unterwelt) Plutos betreten, so kann es nicht mehr in die obere Welt (Himmel) umkehren.

In der griechischen Mythologie ist Kore (Persephone) das geistige Kind des Zeus (Jupiter) und seiner Schwester Demeter (Fruchtbarkeit). Kore ist das Geschöpf der Fruchtbarkeit unseres Geistes. Sie betritt die Welt der Seele – das Reich Plutos – und wird dort festgehalten. Für uns Menschen bedeutet dies, dass jedes Kind unserer Gedanken, wenn es einmal von Pluto empfangen und von seiner Macht der Vorstellung ergriffen wird, unweigerlich auf dem weiteren Schöpfungsweg zur Tat wird.

Der Plan und die Vorstellung Plutos zerfallen wiederum in viele einzelne Ideen (Waage-Venus), die er als seine Kinder ins Hier und Jetzt (Venus = kardinal) gebiert. Die Energie der Venus achtet darauf, dass die Schöpfung erst dann zur Harmonie mit dem Ganzen gelangt, wenn alle Einzelideen berücksichtigt sind.

→ Um der Einzelidee zur Verwirklichung zu verhelfen, geht die Seelenenergie (Jungfrau-Merkur) auf die Suche nach Materialien und Werkzeugen, die bei der Bearbeitung der Idee von Nutzen sind.

→ Der Plan (Pluto) und seine Einzelideen (Waage-Venus), in dieser Weise aufbereitet (Jungfrau-Merkur), erzeugen in der Seele einen unbändigen Willen zur Verwirklichung (Sonne).

→ Der strahlende Wille der Seele (Sonne) wird vom Mond, der Herrscherin des Körpers, empfangen und von ihm in die Körperwelt reflektiert (geboren).

→ Das Kind des Mondes ist die zur Verwirklichung notwendige Bewegungsidee (Zwillinge-Merkur) für den Körper, die beim erlösten Menschen der ursprünglichen Schöpfungsidee (Inspiration) – auf die Körperebene transformiert – entspricht. Sie bewegt durch entsprechende Nervenimpulse den Körper (Götterbote).

→ Die dauerhafte Haltung und ausgewogene Bewegung des Körpers (Stier-Venus) verleiht der Bewegungsidee ihren Ausdruck.

→ Aus diesem körperlichen Ausdruck heraus entwickelt sich die Kraft, mit der letztendlich die ursprüngliche göttliche Inspiration in die Tat (Mars) umgesetzt wird. Mit der vollzogenen Tat ist die Schöpfung beendet und neue Inspirationen fließen in den Bewusstseinsraum ein, um auf dem gleichen Weg in die Tat umgesetzt zu werden. Auf diese Weise geschah und geschieht der Wille des Himmels im irdischen Paradies des Goldenen Zeitalters.

Der Schöpfungsweg in der »Welt der Finsternis«

Erinnern wir uns an die PARABEL VON DER KLEINEN SEELE UND DER SONNE (siehe: Sinn und Zweck der Heldenreise), in der sich eine neue Seele ihres Lichts bewusst werden will. Hierzu muss sie sich vom Ganzen trennen und die Finsternis herbeirufen. Uns, die wir uns ebenfalls auf dem Weg der Bewusstwerdung befinden, gelingt die Schaffung der »Finsternis« durch das Urteilen. Das Urteil spaltet die vom LOGOS empfangene Inspiration (Schöpfungsidee) in einen guten und einen bösen Teil. Mit dem »guten« Teil identifiziert sich unser Ego und den »bösen« Teil verdrängt es ins Unbewusste. Den unbewussten »bösen« Teil projizieren wir, ohne dass es

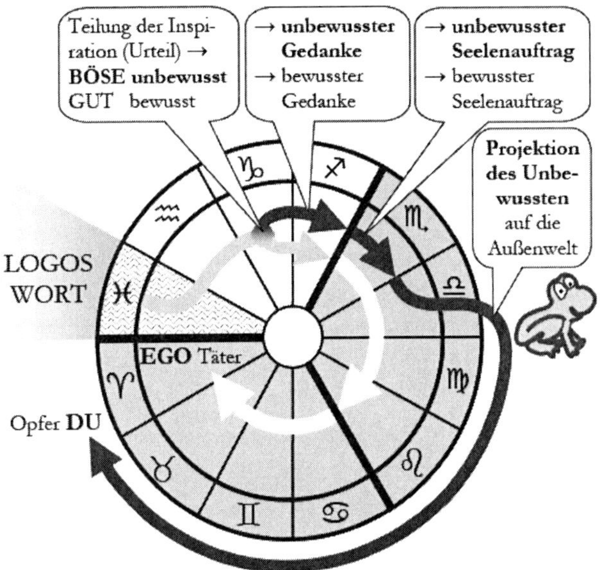

Abbildung 31: Der Schöpfungsablauf in der »Finsternis«

uns bewusstwird, auf unsere Außenwelt, die sich uns daraufhin durch das projizierte Böse als scheinbar »finster« präsentiert.

Am Tierkreis können wir die einzelnen Schöpfungsschritte nachvollziehen, wenn wir im Wassermann beginnen und im Uhrzeigersinn fortschreiten (siehe Abb. 31). Beginnen wir mit der *lichten Hälfte* des Schöpfungsablaufes, die Folge der Spaltung durch das Urteil ist. Mit dem bewussten »guten« Teil der Schöpfungsidee (Uranus) haben wir bei seiner Verwirklichung kein Problem, weil er Erfolg, Anerkennung oder Vorteile verspricht. Unser Ego, mit ihm identifiziert, gibt dem guten bzw. erfolgversprechenden Teil eine Form (Saturn). Die Form, die vom Ego bewusst gewählt wird, ist deswegen so erfolgversprechend, weil sie sich an anerkannten Vorgaben (Normen) der Eltern und später der Gesellschaft orientiert. Aus der bewussten Form bildet sich ein bewusster Gedanke (Jupiter), der zum bewussten Seelenauftrag wird. Das Wasser der Seele (Skorpion-Pluto) empfängt ihn und gebiert aus ihm seine Bilder und Vorstellungen. Die

Verwirklichung dieses Teils der Schöpfung läuft wie oben beschrieben weiter und wird zur bewussten Tat (Mars) unseres Egos.

Kommen wir nun zur *dunklen* (unbewussten) *Hälfte* des Schöpfungsweges. Wir geben dem zweiten Teil der Inspiration, ihrem verurteilten »bösen« Teil, *unbewusst* ebenfalls eine Form (Saturn). Aus ihr entwickelt sich in uns ein *unbewusster* Gedanke (Jupiter), der seinerseits zu einem *unbewussten* Seelenauftrag (Jupiter-Saturn) wird. Diesen zwar unbewussten, aber ebenfalls feurigen Auftrag empfängt das Wasser der Seele (Skorpion-Pluto) und gebiert hierzu *unbewusste* Bilder und Vorstellungen. Nun kommt Aphrodite (Waage-Venus) ins Spiel. Da unserem bewussten Handeln der unbewusste Teil fehlt, sorgt sie dafür, dass die unbewussten Bilder und Vorstellungen zur Begegnung werden. Mit diesem Prozess *projizieren* wir den Inhalt unseres Unbewussten auf die uns begegnende Welt. Der unbewusste »böse« Teil wird zum DU. Die Begegnung ergänzt uns damit um das in unserem Bewusstsein »Fehlende«.

Ein Beispiel möge die Spaltung in unserem Handeln verdeutlichen. Die heutige Rollenerwartung orientiert sich nach wie vor sehr stark am biologischen Geschlecht. Startet zunächst einmal das Menschsein in absoluter Gleichberechtigung (Uranus) von Anima und Animus in jedem Menschen, kommt es doch aufgrund gesellschaftlicher Maßstäbe (Saturn) zu einer mehr oder weniger starken Beurteilung, Verurteilung und Geringschätzung einer Seite. Das Ego entfernt sich dadurch von der ursprünglichen Androgynie. In der Androgynie sind die weiblichen und männlichen Fähigkeiten gleichgewichtig entwickelt. In der Alchemie bedeutet sie, dass sich die innere Frau (Anima) und der innere Mann (Animus) in Harmonie vereinigt haben (Chymische Hochzeit). Androgynie ist nicht mit der zwitterhaften Ausprägung der Geschlechtsorgane und sekundären Geschlechtsmerkmale zu verwechseln.

Die Maßstäbe, die zur individuellen Verurteilung und Benachteiligung einer Seite im Menschen führen, stammen aus den vom Einzelnen in seinem Vorleben gepflegten Urteilen (Saturn).

In dem schon mehrfach erwähnten Märchen der Gebrüder Grimm DER FROSCHKÖNIG ODER DER EISERNE HEINRICH ist es ihre männliche Seite, – der Animus – die von der Prinzessin verurteilt und verdrängt (Saturn) wurde. Sie verlor dadurch ihre Ganzheit (Goldene Kugel). In ihr lebt aber weiterhin der *unbewusste* Gedanke (Jupiter) an ihren Animus und es wird zum Auftrag an ihre Seele (Pluto), ihn wieder in ihr Leben zu bringen. Aphrodite als Venus-Urania, in Vertretung der uranischen Zeugungspotenz, lässt die Prinzessin daraufhin dem Persönlichkeitsanteil, der ihr fehlt, im Außen begegnen. Aus der urteilenden Perspektive ihres Egos begegnet ihr das »Fehlende« in der verurteilenswürdigen und hässlichen Gestalt eines Frosches. Aus dieser Perspektive versteht sie auch nicht, was der Frosch sinngemäß zu ihr sagt: »Wenn du mich liebhaben willst und mich als dein Geselle annimmst, bekommst du durch mich deine Ganzheit (Goldene Kugel) zurück.« Da ihr Handeln vom Urteil bestimmt wird, will sie den »zudringlichen« Frosch abwehren und wird im Kampf gegen ihn zur *Täterin.* Der Frosch wird dabei zum *Opfer* ihrer Abwehr.

In der Täter-Opfer-Auseinandersetzung können natürlich in unserem realen Leben Täter- und Opferrolle vielfach wechseln. Denn die Täterschaft ist nur *ein* Teil des Ganzen. Der *zweite* Teil, das Erleben des Opfers unserer Tat, sein verborgenes Leid und sein Schmerz, bleibt uns zunächst unbewusst. Die oberste Seeleninstanz Pluto fühlt sich aber der Ganzheit verpflichtet. Für Pluto bedeutet das, dass er dafür sorgen muss, dass das Ego in einem weiteren Durchlauf auch die Opferseite durchlebt. Hierzu passt das Bild des Skorpions, der in seiner Unerbittlichkeit den Stachel der Tat auch gegen sich selbst richtet. Wiederum mithilfe der Aphrodite (Waage-Venus) lässt er uns einem Täter begegnen, der *Gleiches* verübt, jetzt mit uns als Opfer. Wir ernten also das, was wir gesät haben. Karma beschreibt diese Kette von Ursache und Wirkung in unserer urteilenden Welt. Der Karma-Gedanke ist eng mit dem Gedanken der Reinkarnation (Wiedergeburt, Seelenwanderung) verbunden, da sich die karmische Wirkung über Inkarnationsgrenzen hinweg erstreckt.

Das »Karma-Spiel« endet erst mit der Bewusstwerdung des verdrängten Teils des SELBST bzw. mit der Integration des »Schattens«!

Eine weitere Spielart der Projektion (Waage-Venus) von überragender Bedeutung bedient sich der Sexualität (Pluto). Wir zeugen mit einem DU Nachkommen, die uns noch verdichteter mit den unbewussten Teilen unseres SELBST konfrontieren. Unsere Kinder – als unsere Projektionen – wirken sehr viel direkter und dauerhafter auf uns als verantwortliche Eltern ein und bringen unsere Schatten nachhaltig zum Ausdruck. Die Kinder selbst sind nicht Produkt ihrer Eltern, sondern vollkommen eigene Wesenheiten, denen wiederum die Eltern Projektionen ihrer unerlösten Anlagen sind. Eltern und Kind gleichen sich in ihren Problemen und es ist diese Resonanz, welche sie zusammengeführt hat.

Der Reiseballast in der »Welt der Finsternis«

Der Verlust der Gegenwart

Unser Selbst erlebt den Fluss der Schöpfung in vollkommener Hingabe. Ganz anders aber wirkt dieser Fluss auf unser Ego. Urteilend (Saturn) spaltet es den Schöpfungsfluss (Neptun) und erfährt manche Schöpfungssequenzen als gut, andere dagegen als schlecht. Die positive oder negative Identifikation mit bestimmten Sequenzen führt zu dem Wunsch, dass sich das Erlebte (Vergangenheit) wiederholen oder keinesfalls wiederholen (Zukunft) möge. Unser Ego verliert sein Einverständnis (Neptun-Hemmung) mit dem, was der Fluss im JETZT gestaltet. In ihm entsteht die Angst (Saturn-Neptun) vor dem Kommenden, das ja möglicherweise »böse« sein kann. Ab da begegnet es der Schöpfung mit entsprechenden *Erwartungen* (Saturn-Pluto) und *Ängsten* (Neptun-Hemmung). Sie sind Resultat der Erfahrungen in der VERGANGENHEIT, wollen die ZUKUNFT bestimmen und lassen unser Ego aus der GEGENWART fallen. Da das eigentliche Leben aber im JETZT geschieht und seine Erfüllung hat, geht das Ego mit seinem Verhalten am Leben vorbei. Es starrt zunehmend auf seine Erwartungen, die allesamt in der Zukunft liegen, und erstarrt dabei zusehends. In diesem Stadium stirbt der Verlorene Sohn (Luk. 15,11) auf seiner Reise und muss erst wieder durch leidvolle Erfahrungen zum Leben erweckt werden.

Die Frage der Schuld

Unser Urteilen (Saturn) lässt einen Teil unseres Selbst in den »Schatten« fallen. Dieser Teil bekommt daraufhin von uns keine Anerkennung mehr. Diesen Mangel an Anerkennung versuchen wir dadurch zu kompensieren, dass wir in unserem Verhalten danach streben, viel Applaus und Anerkennung von anderen zu bekommen (Saturn-Kompensation) Wir strengen uns an und perfektionieren ausgewählte Fähigkeiten. Leider können wir uns dabei nicht an den Strebungen unseres Selbst orientieren, sondern müssen uns an dem ausrichten, was andere gut finden und anerkennen. Wir verlieren dabei die Mitte unseres Selbst (Neptun-Hemmung).

Indem das Ego versucht, zu anderen oder in den Augen anderer gut zu sein, ist es gleichzeitig böse zu Teilen seines eigenen Selbst! Ein paar Beispiele mögen dies verdeutlichen: Wir sprechen für andere, das Eigene bleibt aber ungesagt (Zwillinge-Merkur-Neptun), wir umsorgen andere, lassen uns selbst aber unversorgt (Mond-Neptun), wir verwirklichen, was andere wollen, vergessen dabei unseren eigenen Willen (Sonne-Neptun) und verlieren im Zuge dessen unsere Selbstständigkeit. Wir haben Verständnis für alle anderen, aber keines für unser Selbst (Jupiter-Neptun). So müssen wir uns nicht wundern, dass – wie innen, so außen – die Umwelt ebenso mit uns umgeht, wie wir mit unserem Selbst umgehen, denn die Umwelt ist nichts anderes als unser Spiegel. Das sind dann unsere Erfahrungen: Keiner beachtet, was wir sagen wollen, keiner sorgt für uns, was besonders tragisch in der Kindheit ist, wenn die Mutter kaum für uns sorgt, keinen interessiert, was wir wollen, und keiner versteht uns. Dies ist die Tragik des »Gutmenschen«, dessen Ego-Verhalten nicht im Sinne seines Selbst ist und daher keine Bestätigung im Leben findet! Er landet in einer Sackgasse und muss in seiner Entwicklung umkehren. Diese Umorientierung ist dann im wahren Sinne »Buße tun«. Buße ist in diesem Zusammenhang als »Umwertung aller Werte« (Friedrich Nietzsche, 1844-1900) zu verstehen und nicht in der herabwürdigenden Form der Strafe, wie sie von den autoritären oder religiösen Führern in ihrem Interesse genutzt wurde und wird.

Die Missachtung unseres Selbst lässt unser Ego an ihm schuldig (Neptun-Saturn) werden. Die daraus resultierenden massiven Schuldgefühle verdrängen wir ins Unbewusste und projizieren sie auf unsere Umwelt. Seitdem freuen wir uns daran, wenn andere (auch) schuldig werden. Oder, wie anders ist die Faszination zu erklären, die von den Schlagzeilen der Boulevardpresse über das Böse in der Welt ausgehen? Unsere Schuldgefühle sind aber leicht durch unsere Umwelt zu triggern. Dies nutzen die Autoritäten (unter anderem Eltern, Lehrer, Vorgesetzte, Priester, Würdenträger, Politiker), um unsere Entwicklung und unser Verhalten in ihrem Sinn zu formen (Erziehung, Saturn) und uns noch weiter von unserem Selbst zu entfremden. Erinnern wir uns an das Bett des Prokrustes.

Der freie Wille und das Schicksal

In der griechischen Mythologie sind die Kräfte des Schicksals die Kinder der Finsternis (Erebos) und der Nacht (Nyx). Fehlt in unserem Bewusstsein das Licht, so ist es diese Dunkelheit, die unser Schicksal gebiert. Wir selbst waren es, welche zur Bewusstwerdung unseres göttlichen Lichts die Dunkelheit erschaffen haben[46]. Zu diesem Zweck haben wir – mythologisch gesprochen – die Frucht vom *Baum der Erkenntnis des Guten und des Bösen* gegessen. In unserem Bewusstsein haben wir daraufhin die Schöpfung mit dem daraus entstandenen URTEIL gespalten und uns damit aus der Welt der Einheit und des Lichts (Paradies) in die scheinbare Welt der Dualität[47] begeben. Bewusst leben wir daraufhin nur noch einen Teil unseres ursprünglichen Selbst: Den guten bzw. den erfolgreichen Teil, der zu unserem Ego wird. Den bösen Teil bzw. den Teil des Verlierers verstecken wir in unserem Unbewussten (Verdrängung) und projizieren ihn auf unsere Umwelt. Mit diesem Trick erschaffen wir um uns herum die Dunkelwelt.

Unsere Freiheit besteht nun darin, mehr oder weniger die göttliche Schöpfung und damit auch uns zu be- und verurteilen (Saturn). Je nachdem wie streng wir dabei sind, gestalten wir auch unsere Welt entsprechend dunkler oder weniger dunkel.

---

46 Siehe auch: Der Mensch erschafft die Finsternis

47 Dualität: Zweiheit, Doppelheit (Duden); sie sollte nicht mit der Polarität gleichgesetzt bzw. verwechselt werden.

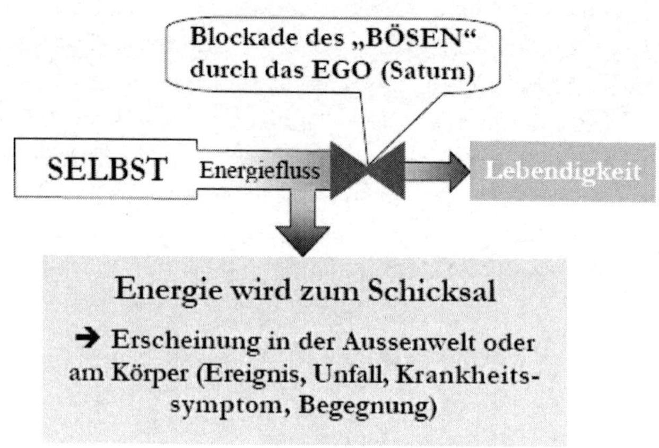

Abbildung 32: Fluss der Schicksalsenergie

Unser Wille (Sonne) richtet sich nach unserem Urteil (Saturn). Da uns unser Urteil freigestellt ist, scheint auch unser Wille (Sonne) frei zu sein.

Die Willensfreiheit besteht also lediglich darin, verschiedene Umwege – abhängig von unseren Beurteilungen – auf dem Weg der SELBST-verwirklichung einschlagen zu dürfen. Das Ziel aber bleibt immer das Gleiche, die SELBST-Werdung.

Sich im Verhalten auf die gute Seite zu schlagen, hat neben der Dunkelheit unserer Umwelt (Projektion des unbewussten Bösen) weitere gravierende Folgen. Viele Energien unseres Selbst, die uns zu dessen Verwirklichung dienen wollen, blockieren (Saturn) wir, da wir ja einen Teil der Strebungen als böse verurteilen. Aus diesen blockierten und gestauten Energien, welche Teile unseres Selbst sind, entstehen die Kräfte bzw. Göttinnen des Schicksals (siehe Abb. 32). Die drei griechischen Schicksalsgöttinnen sind die Moiren. *Moira* bezeichnet »einen Teil des Ganzen«. Als Schicksal manifestiert sich die Energie des Teils, den wir aus unserem Leben verdrängt haben. In diesem Sinne galt die Göttin Aphrodite (Waage-Venus) ebenfalls als Schicksalsgöttin.

Das Schicksal meint es an sich niemals schlecht mit uns. Dies findet seinen Ausdruck auch im Wort »Schick-sal«. Es setzt sich aus zwei Begriffen zusammen. Zum einen teilt es uns mit, dass uns etwas ge-*schick*-t wird und zum zweiten sagt es uns, was uns geschickt wird: *Sal*-us (die Heilung). Es wird uns also zur Heilung unseres Selbst geschickt. Mit dem begrenzten Bewusstsein (Saturn) unseres Egos können wir dies aber in der Regel nicht erkennen. Die Tragik in unserem Leben nimmt dann zu und wird zur Tragödie, wenn wir beginnen, uns gegen das Schicksal und damit gegen die Heilung aufzulehnen.

Da wir durch unser urteilendes Verhalten von unserer Mitte abweichen und sie oft dauerhaft verlieren, wollen uns die Schicksalskräfte zur Mitte unseres Selbst zurückführen. Sie korrigieren das abweichende Verhalten unseres Egos gegenüber unserem Selbst. In seinen Kräften kommt das zum Ausdruck, was wir in unserem Leben nicht zulassen wollen. C. G. Jung drückte es so aus:

> Solange Unbewusstes nicht bewusst gemacht wird, lenkt es Dein Leben und Du nennst es *Schicksal.*

Aus der Astrologie wissen wir, dass alle gehemmten bzw. blockierten Kräfte im Horoskop schicksalhafte Ereignisse in unserem Leben hervorrufen und nicht nur die drei Moiren der griechischen Mythologie.

Im Geistigen ist N e p t u n Wächter unserer Selbstwerdung. (Er) Sie löst schicksalhaft alle Strukturen und Verfestigungen (Saturn) in unserem Sein auf, die vom Ego (Saturn) geschaffen wurden, aber nicht mit unserem Selbst übereinstimmen. Bei der Schaffung dieser Strukturen täuschte sich unser Ego in der von ihm gewählten Form und erfährt die Lösung davon als Enttäuschung.

U r a n u s durchbricht überraschend und plötzlich Verfestigungen und Mauern (Saturn), die wir um unser Selbst errichtet haben und die zur Beengung und Unfreiheit unseres Selbst geführt haben. Oft fühlt es sich an, als würde unser Leben explodieren. Ketten werden gesprengt oder ersatzweise Knochen gebrochen. Die Knochen sind ja Symbole für die verfestigte Form (Saturn). Welcher Knochen dabei gebrochen wird, gibt uns einen weiteren Hinweis darauf, in welcher Anlage und Fähigkeit wir uns verfestigt haben.

Alles geschieht mit dem Zweck, uns letztendlich ein freies Leben aus der göttlichen Inspiration zu ermöglichen.

Saturn erinnert uns an die Schuld und Verantwortung, die wir gegenüber unserem Selbst und gegenüber dessen göttlicher Inspiration haben. Er konfrontiert uns mit Lasten, Blockaden und Begrenzungen, um uns zu zeigen, womit wir unser Selbst unbewusst belasten und blockieren.

Jupiter entführt uns in die Welt unserer Gedanken und unseres Glaubens. Er will, dass wir erkennen, dass die Welt um uns herum das Resultat unserer oft in Optimismus und Pessimismus gespaltenen Gedanken ist, dass unser Denken durch seine Begrenztheit (Jupiter-Saturn) die Wirklichkeit nicht erreicht und dass Förderung in unserem Leben immer mit der Erwartung verbunden ist, die Weltanschauung des Förderers zu übernehmen, nach dem Motto: *Wes Brot ich ess', des Lied ich sing* – oder moderner – *fördern und fordern.* Er lässt uns oft vergeblich nach dem Glück suchen, das sich erst dann einstellt, wenn wir wieder ganz geworden und mit dem Fluss der Schöpfung einverstanden sind.

In der Seele sorgt Pluto für die schicksalhafte Wiederinszenierung von noch nicht verarbeiteten Täter-Opfer-Spielen und die mit ihnen verbundenen Machtkämpfe. Vorstellungen und Erwartungen treffen aufeinander und kämpfen gegeneinander. Dabei aktivieren sich ihre karmischen Hintergründe. Das Ziel Plutos ist es, dass die aus der Vergangenheit fremdbestimmenden innerseelischen Konflikte bewusst und verarbeitet werden. Daraufhin können sie »sterben«. Auf diese Weise befreit sich die Seele und kann sich wieder ganz den Aufträgen widmen, die der Geist ihr erteilt.

Venus-Urania befreit aus alten Liebesbeziehungen, denen das Gleichgewicht und die Harmonie fehlen (Venus-Neptun/-Uranus/-Saturn/-Jupiter/-Pluto/-Mars ...). Sie sorgt aber auch für »neue« Begegnungen mit und »neue« Liebe zu scheinbar unbekannten Wesen, die aber nichts anderes sind als die Projektionen der unbewussten Wesen in uns. Der Prinzessin begegnet der Frosch als ein Teil von ihr und – genauso wichtig –, dem Frosch begegnet die Prinzessin als ein Teil von ihm.

Der J u n g f r a u - M e r k u r führt uns in die Auseinandersetzung mit der Nützlichkeit. Unser Ego glaubt daran, dass ein guter Mensch sich bei allen Gelegenheiten nützlich machen sollte oder andere für seine Interessen arbeiten sollten. Am Ende steht die Ausnutzung, das Benutzen und Wegwerfen oder auf Amerikanisch, das »hire and fire«. Die Arbeit dient nicht mehr dem eigenen Schöpfungsauftrag (Uranus), sondern fremden Unternehmungen. Der verlorene Sohn wird zum Schweinehirten (Sklave, Sklavin, Arbeiter, Servicekraft, Angestellter) eines fremden Herrn *(Luk. 15,15)*, bis er begreift, dass er dort ohne das »Brot des Lebens« (Uranus, Inspiration) verhungert. Zwei unterschiedliche Haltungen zum Thema Dienen erzählt uns das Neue Testament (Luk. 10,38):

> Es geschah aber, als sie ihres Weges zogen, dass er [Jesus] in ein Dorf kam; und eine Frau mit Namen Marta nahm ihn auf. Und diese hatte eine Schwester, genannt Maria, die sich auch zu den Füßen Jesu niedersetzte und seinem Wort zuhörte. Marta aber war sehr beschäftigt mit vielem Dienen; sie trat aber hinzu und sprach: Herr, kümmert es dich nicht, dass meine Schwester mich allein gelassen hat zu dienen? Sage ihr doch, dass sie mir helfe! Jesus aber antwortete und sprach zu ihr: Marta, Marta! Du bist besorgt und beunruhigt um viele Dinge; eins aber ist nötig. Maria aber hat das gute Teil erwählt, das nicht von ihr genommen werden wird.

Martha ist auf dem Weg zur »Schweinehirtin«, wie auch der Verlorene Sohn zum Schweinehirten wurde. Maria dagegen hört auf ihren inneren Jesus (Brot des Lebens, Uranus).

Die S o n n e , unsere Willenskraft, zeigt sich in unserer Kindheit in der Regel im Wirken des Vaters. In selteneren Fällen, wenn bei unseren Eltern ein Rollentausch stattgefunden hat, hat die Mutter das Heft des Handelns in der Hand. Immer jedoch werden wir damit konfrontiert, wie weit unsere SELBST-Ständigkeit und Willenskraft gediehen ist. Später zeigt sich diese Entwicklung unter anderem in der schicksalhaften Konfrontation als Mann mit der eigenen Spielleidenschaft, mit der Vaterrolle, mit dem Beruf, als Frau mit dem männlichen Partner, mit den Kindern, den Männern im beruflichen Umfeld usw.

In der Körperwelt empfängt der Mond den Willen der Sonne und gebiert ihn in die körperlich erfahrbare Welt. Als »Mutter« der Welt lebt sie ihre Sorge um diese ihre Welt (Natur). Ganz im Vordergrund steht dabei der eigene Körper. Die ersten Erfahrungen mit der Fürsorglichkeit machen wir schon im Mutterleib als Erfahrungen der Geborgenheit oder Ungeborgenheit. Nach der Geburt zeigt uns die mütterliche Fürsorge und Nähe etwas über unseren eigenen Zugang zu unserer Gefühls- und Bedürfniswelt und damit zur Achtung vor dem Weiblichen in uns. Als Mann bestimmt der Mond das Suchbild nach der Frau und ihrer Mütterlichkeit. Später ist es die Achtung oder Verachtung die uns als Frau vom Mann entgegengebracht wird. Auch die Wohnsituation und Heimat kann zum Schicksalsfeld werden.

Zwillinge-Merkur treibt sein schicksalhaftes Spiel im Austausch von Informationen, Waren und Orten (Wege, Straßen, Verkehr). Er wirkt aber auch über die Geschwister und Nachbarn und zeigt sich in den Problemen, die wir im geschickten Umgang mit unseren Händen und Füßen haben. Sie werden ja über die motorischen Nerven vom Götterboten gesteuert. Diese haben ihren Ursprung im Gehirn (Mond).

Wertewandel, Werteeinbrüche, plötzlichen Gewinn oder plötzliche Armut schickt uns die Stier-Venus. Das sicher Geglaubte löst sich schicksalhaft in Unsicherheit auf. Der Kredit wird unvermutet fällig gestellt. Wir werden Opfer einer Entwertung oder Enteignung. Andere verletzen unsere Grenzen oder beanspruchen unseren Grund und Boden für sich.

Mars – unsere Tatkraft – lässt uns gegen allerhand Einschränkungen kämpfen. Wie gelähmt stehen wir aber manchmal da und in uns staut sich die Wut darüber, uns nicht durchsetzen zu können. Als Schmerz oder Entzündung lebt sie sich in uns aus. Allzu oft gerät sie in Resonanz mit der Wut anderer, fordert deren Aggression uns gegenüber heraus und wir lassen uns immer wieder schlagen. Manchmal fängt aber auch unser ganzes Umfeld an zu brennen und wir selbst tragen Verbrennungen davon.

Der Schmerzkörper

Aus unserem Urteilen (Saturn) folgen Verdrängungen eigener verurteilter Persönlichkeitsteile. Aphrodite (Waage-Venus) sorgt dafür, dass wir ihnen in unserer Außenwelt begegnen (Projektion). Aus dem Kampf gegen die eigenen Projektionen (Frosch), den man richtigerweise als *Spiegelfechterei* bezeichnen kann, resultieren Täter- und Opfererfahrungen, die mehr oder weniger verletzend sind. Da der Kampf oft auf Leben und Tod geführt wird – denken wir allein an den mitunter mit Todesangst geführten Kampf des Kleinkindes um Anerkennung und Beachtung durch die Eltern – entstehen traumatische Erfahrungen. Diese besitzen manchmal eine solche Schmerzintensität (Mars), dass sie von unserem Ego verdrängt und unverarbeitet (unverdaut) im Unbewussten gespeichert (Pluto) werden. Aus extremen körperlichen oder sexuellen Gewalterfahrungen kann sich beispielsweise eine Posttraumatische Belastungsstörung (PTBS) entwickeln.

All die unverarbeiteten Leid-Erfahrungen bilden einen psychischen Komplex, den wir gemäß dem spirituellen Lehrer Eckhart Tolle »Schmerzkörper«[48] (Pluto) nennen können. Dieser Schmerzkörper wird von Zeit zu Zeit aktiv und fordert dadurch die Auseinandersetzung mit den unverarbeiteten Erfahrungen. In der Regel wehren wir jedoch die ins Bewusstsein tretenden Schmerzen ab. Oft finden sie ihren dauerhaften Ausdruck im Verhalten, in der Mimik, Körperhaltung[49] oder in chronischen Körpersymptomen.

Um in Zukunft Leid-Erfahrungen wie die unserer Vergangenheit zu vermeiden, entwickelt unser Ego meist unbewusst zwanghafte Verhaltensstrategien, die nochmaliges Leid verhindern sollen. Unser Verhalten verliert dadurch seine Originalität (Uranus) und Spontaneität. Es wird zur Rolle (Pluto), an die wir unser individuelles Verhalten (Uranus) opfern (Pluto). Wir selbst machen uns also

---

[48] Eckhart Tolle, Schmerzkörper: die Summe biografischen Leidens, die sich zu einem negativen quasi-autonomen Energiefeld verdichtet.

[49] Ken Dychtwald, Körperbewusstsein, Essen 1981.

zum Opfer. Opfer, die wir bringen, erzeugen in unserem Ego aber immer Erwartungen (Pluto) an unsere Außenwelt, an das DU. Werden sie nicht erfüllt, so reagieren wir darauf mit eifersüchtigem Groll, der bei steigender Intensität in Hass umschlagen kann. Die SELBST-Bestimmung (Pluto) und Freiheit (Uranus) stirbt in unserem Ego durch den Rollenzwang und im DU durch unseren Erwartungsdruck. Die meisten zwischenmenschlichen Beziehungen leiden darunter. Oft wird aus der auf Erwartungen aufgebauten Liebe Hass.

Unser Schmerzkörper trägt aber nicht nur die Traumata dieser Inkarnation in sich, sondern auch die unverarbeiteten seelischen Verletzungen der vergangenen Inkarnationen.

Die energieintensiven Informationsschwingungen (Schmerzen) unseres Schmerzkörpers neigen zur Resonanz mit Schmerzkörpern anderer, die analoge Traumata in ihrer Vergangenheit erfahren haben. Es kommt daher immer wieder zu Auseinandersetzungen mit unserem Umfeld, welche die ursprüngliche Verletzung zum Kern haben, ohne dass uns dies bewusst wird. Es ist für die Umwelt eine Kleinigkeit, diesen Kern zu triggern. Im explodierenden Affekt erkennen wir aber nicht die Ursache des entflammenden Konflikts in uns, sondern wie ursprünglich auch erleben wir das Schmerz-Drama, wie es scheinbar vom Anderen erzeugt wird (Projektion). Der alte Schmerz bricht übermächtig über uns herein. Wir glauben ihm nur begegnen zu können, wenn wir dem Anderen die ganze Macht (Pluto) unseres Egos entgegensetzen. Können wir den daraus entstehenden Machtkampf nicht für uns entscheiden, dann sind wir davon besessen, es dem anderen in Zukunft heimzuzahlen (Anklage, Rache, Verfolgung, Eifersucht) und ihn so zu traumatisieren, wie es uns geschehen ist.

An sich wollen uns die Konflikte nur bewusst machen, dass uns unsere alten Verletzungen und die aus ihnen resultierenden unbewussten Verhaltenszwänge (Konflikte) immer noch beherrschen. Verarbeiten wir dagegen die alten Traumata, indem wir deren mit Affektenergie aufgeladenen Bilder ins Bewusstsein heben und ihre im Schmerz gebundene Energie durch nochmaliges bewusstes Erleben »verbrennen«, dann verlieren sie ihre »Macht« über unsere

Seele. Wie in der Mythologie geschildert, kann sich danach die Seele wie der Vogel Phönix frei aus der Asche der verbrannten Gefühle in die Lüfte erheben. Wie vor dem uns verfolgenden schwarzen Mann im Traum hat aber unser Ego eine ungeheure Angst, sich mit dem Schmerz zu konfrontieren, und daher gärt der Konflikt oft für lange Zeit in unserem Unbewussten.

Lilith und die kollektive Herabsetzung des Weiblichen

Lilith ist eine uralte Göttin der sumerischen Mythologie (3. Jahrtausend. v. Chr.). Sie fand Tausende Jahre später Eingang in die jüdische Mythologie und verband sich dort mit dem Schöpfungsmythos. Dort war Lilith die erste Frau Adams und diesem vollkommen gleichberechtigt. Sie wurde gleichzeitig mit Adam aus der gleichen Erde geschaffen. Daher war sie nicht bereit, sich Adam zu unterwerfen.

Lilith repräsentiert die Ganzheit der weiblichen Seite im Menschen, so wie Adam die Ganzheit der männlichen Seite darstellt. Wie Hekate in der griechischen Mythologie kann sie als eine Gestalt der *Großen Göttin* gesehen werden, die von jeher dreigestaltig dargestellt wird. Hekate waltete ursprünglich im *Himmel* (Neptun), auf *Erden* (Mond) und in der *Unterwelt* (Pluto).

<table>
<tr><td rowspan="3">Frau
Anima,
Wasser</td><td>Fische
Neptun</td><td>geistige Seherin der göttlichen Gegenwart, Vertrauen, Weisheit, absolutes SELBSTsein, Geburt geistigen Lebens ↔ Verlust des SELBST, Angst, Leid, Helferin der Leidenden</td><td>Lilith als
Heilige</td></tr>
<tr><td>Skorpion
Pluto</td><td>seelische Treue gegenüber dem SELBST, Geburt seelischen Lebens ↔ Verpflichtung gegenüber und Verstrickung mit dem DU, Sexualität</td><td>Lilith als
»Hure«/
Zauberin</td></tr>
<tr><td>Krebs
Mond</td><td>Fürsorge gegenüber dem Körper des SELBST, Geburt körperlichen Lebens ↔ Bemutterung des DU (u. a. Kind)</td><td>Lilith als
Mutter</td></tr>
</table>

Abbildung 33: Die Dreigestaltigkeit der weiblichen Seite im Menschen

Die Dreigestaltigkeit der Göttin ist astrologisch gut zu verstehen, da sie das Ur-Weibliche, das Wasser-Element repräsentiert, zu dem drei Tierkreiszeichen gehören (siehe Abb. 33). Es ist wichtig, sich bewusst zu machen, dass jeder Mensch – ob im äußeren Aspekt Frau, ob Mann – diese *Große Göttin* in sich trägt!

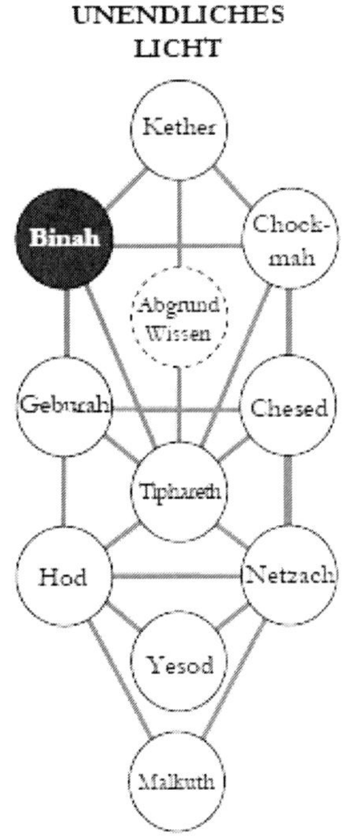

Abbildung 34: Baum des Lebens

Ganz anders wird uns die Gestalt der Lilith in der jüdischen Religion dargestellt. Die mittelalterliche Lilith-Gestalt begegnet uns erstmals in einer Schrift von Rabbi Isaak ben Jakob ha-Cohen (1265). Samael (blinder Erzengel, Satan, Schlange) und Lilith werden darin als göttliches Paar dargestellt, das eine Gruppe böser Dämonen beherrscht, die um die Vorherrschaft in der Welt kämpft. Das Böse entsteht laut Isaak als *entartete Nebenwirkung* bei der Emanation der dritten Sefira (Energiezentrum: Binah) des kabbalistischen *Baumes des Lebens* (Abb. 34). In diesem Mythos verkommt die Große Göttin zu einer fragwürdigen Herrin von Dämonen. In ihm scheint die Wertschätzung und Stellung der weiblichen Energie in der orthodoxen jüdischen Religion durch.

Das Energiezentrum *Binah* vom Baum des Lebens (Abb. 34) entspricht in etwa der Energie und Funktion des Saturns in der Astrologie. Saturn, der ursprünglich als Engel Luzifer eine wichtige Funktion bei der göttlichen Schöpfung hatte, begann jedoch die Schöpfung zu *beurteilen*. Vieles glaubte er *besser* machen zu können. Er stellte sich damit über Gott und stürzte. Aus dem Lichtträger Luzifer wurde Satan. Dieses Ereignis ist als *Engelsturz* überliefert.

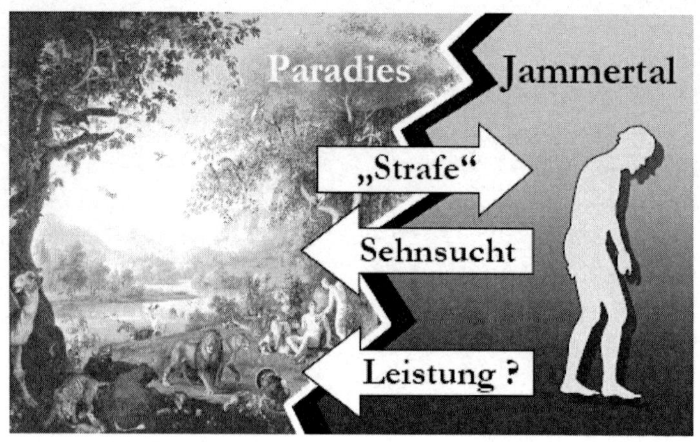

Abbildung 35: Die Trennung von Gott und die Illusion der Dualität

In Gestalt der Schlange Samael verführte er uns Menschen, ebenfalls die Schöpfung in Gut und Böse zu teilen (1. Mos. 3). Dieser Fall ins *Urteilen* begrenzte und begrenzt unser Bewusstsein. Wir hatten und haben fortan das Gefühl, durch diesen *Sündenfall* das Paradies verloren zu haben und in einer gespaltenen Welt der Dualität zu leben: Hier das »Jammertal« und dort das Paradies (Abb. 35).

Aus unserem göttlichen Selbst entsteht unser verzaubertes Ego. Gefangen in der *Illusion des Urteils* glauben wir, Gott habe uns zur Strafe aus dem Paradies gewiesen. Aus dieser urteilenden menschlichen Perspektive wandelt sich das allliebende Göttliche in einen strafenden Gott (Jahwe, Saturn), den wir zu fürchten beginnen. An die Stelle der *Liebe* tritt das *Gesetz* (Saturn), das einzuhalten ist, will man die Zuneigung dieses »Gottes« wiedererringen. Es entsteht ein Verhalten, das wir auch von der Schule her kennen: Anstrengung, Leistung und »richtige« Antworten lassen uns die Anerkennung der unterrichtenden Autoritäten erringen.

In uns beginnt sich eine ILLUSION zu entwickeln. Durch *Aktivität,* verbunden mit Leistung und Anstrengung (*männliche* Feuer-Energie: Jupiter-Saturn, Sonne-Saturn, Mars-Saturn), wollen wir Gott unser »Gut-Sein« beweisen. Wir glauben dadurch, das Recht auf die Rückkehr ins Paradies erwerben zu können. Wir achten in der Folge nicht mehr unsere Gefühle, also die Reaktion der Frau in uns auf ein solch anstrengendes Leben. Sie ist uns auf unserem Leistungstrip eher lästig, zeigt sie uns doch mit ihrem Unbehagen und ihrer schlechten Laune bis hin zur Depression, dass wir gegen unsere Natur leben und streben. Die Missachtung unserer inneren Großen Göttin hat beklagenswerte Folgen. Wir haben keine Verbindung mehr zum LOGOS und empfangen (Neptun, Intuition) keine Inspirationen (Uranus). Wir verlieren die Treue unserer Seele (Pluto) gegenüber dem Geist unseres SELBST und wir gebären (Mond) lediglich leistungsbezogene Aufträge (Sonne-Saturn) unseres Egos (Jupiter-Saturn) in die körperliche Erscheinung. Auch unseren Kindern bringen wir bei, sich auf die Leistung zu konzentrieren und dabei das Gefühl in den Hintergrund treten zu lassen. Um die Schmerzgefühle dieses anstrengenden Lebens aushalten zu können, verdrängen wir unsere Gefühle (u. a. Mond-Saturn) oder gehen auf Distanz zu ihnen (u.a. Mond-Uranus). Wir verleugnen damit unsere weibliche Seite auf allen Ebenen (Geist, Seele, Körper). Dieses von der männlichen Seite dominierte Verhalten erzeugte und erzeugt fortan das Patriarchat (Jupiter-Sonne-Saturn) in uns und in unserer Umwelt, in der wir leben. Dabei hilft auch kein gesellschaftlich formuliertes Gleichstellungsgesetz, um diesen Zustand zu korrigieren.

Die christliche Variante der Lilith-Tragödie steht unter anderem im ersten Brief des Apostels Paulus an die Korinther:

> Wie es in allen Gemeinden der Heiligen ist, sollen die Frauen in den Gemeinden schweigen, denn es wird ihnen nicht erlaubt, zu reden, sondern sie sollen sich unterordnen, wie auch das Gesetz sagt. Wenn sie aber etwas lernen wollen, so sollen sie daheim ihre eigenen Männer fragen; denn es ist schändlich für eine Frau, in der Gemeinde zu reden. (1. Kor. 14,34)

Sie findet ihre Fortsetzung im ersten Brief des Paulus an Timotheus:

> Eine Frau lerne in der Stille in aller Unterordnung. Ich erlaube aber einer Frau nicht zu lehren, auch nicht über den Mann zu herrschen, sondern ich

will, dass sie sich in der Stille halte, denn Adam wurde zuerst gebildet, danach Eva; und Adam wurde nicht betrogen, die Frau aber wurde betrogen und fiel in Übertretung. Sie wird aber durch das Kindergebären hindurch gerettet werden, wenn sie bleiben in Glauben und Liebe und Heiligkeit mit Sittsamkeit. (1. Tim. 2,11-15)

Paulus hatte offenbar nicht begriffen, dass Adam ursprünglich der Name des ganzen (androgynen) Menschen war und nicht seines männlichen Teils. Die hebräischen Buchstaben des Namens Adam (אָדָם) lassen seine Bezeichnung als ganzer Mensch erkennen. *Aleph* bezeichnet den Schöpfer, *Daleth* beschreibt die Verleihung der Form entsprechend dem Schöpfungsplan und *Mem* den in den Stoff eingehauchten Geist Gottes. Den Vorgang der Erschaffung des Menschen – nicht des Mannes – schildert die Schöpfungsgeschichte:

... da bildete Gott, der Herr, den Menschen, aus Staub vom Erdboden und hauchte in seine Nase Atem des Lebens; so wurde der Mensch eine lebende Seele. (1. Mos. 2,7)

Erst nach der Teilung des Menschen in einen weiblichen und einen männlichen Teil – jedoch in *einem* Körper – wurde Adam zum Namen der männlichen Hälfte. Dass Eva (Lilith) sich habe verführen lassen und nicht Adam, zeugt ebenfalls vom begrenzten Bewusstsein (Ego) des Paulus. Eva repräsentiert den weiblichen und damit den *nehmenden* Teil des Menschen. Wenn der Mensch etwas nehmen will, dann immer nur mit seinen weiblichen Fähigkeiten. Nur die Frau im Menschen kann die von der Schlange gereichte Frucht *nehmen*. Der männliche Teil im Menschen – Adam – besitzt ja nur die Fähigkeit zu *geben*!

In ein ähnliches Missverständnis stürzt uns die angebliche Aussage Jesu, die ihm vom Apostel Lukas in den Mund gelegt wurde:

Geben ist seliger als Nehmen. (Apg. 20,35)

Dies würde ja bedeuten, dass das Männliche (Geben) erlöster ist als das Weibliche (Nehmen). Wie sinnlos ist es, wenn alle nur noch geben wollen und keiner mehr das Gegebene nehmen will, nur um

»selig« zu sein? Ich kann mir daher nicht vorstellen, dass dies eine Aussage Jesu ist. Trägt sie doch entschieden zur Herabsetzung des Weiblichen bei.

Lilith und der Schwarze Mond

In der Astrologie taucht Lilith zwar dem Namen nach auf, jedoch als sensitiver Punkt, der nicht aus der Ganzheit des Weiblichen besteht, sondern nur aus einem speziellen Punkt der Mondbahn resultiert, dem Apogäum beziehungsweise dem zweiten Brennpunkt der Mondellipse (siehe Abb. 36). Das Apogäum ist der erdfernste Bahnpunkt.

Daher können wir zur Deutung nicht den Lilith-Mythos in seiner *Ganzheit* (Geist + Seele + Körper) heranziehen, sondern lediglich dessen körperliche, dem Mond unterstellte Ebene. Sie betrifft unseren Körper in seiner Befindlichkeit, dessen biologische Bedürfnisse und seine Fähigkeit, körperlich zu gebären. Ich halte es daher für wenig sinnvoll, diesen sensitiven Punkt Lilith zu nennen. Stimmiger erscheint mir die Bezeichnung »Schwarzer Mond«.

Damit verliert aber der Schwarze Mond in seiner Deutung das Dämonische, Kinder tötende, Dramatische und Sexuelle des Plutos (Skorpion) und das Intuitive und Heilige der Himmelskönigin Neptun (Fische). Das, was vom Lilith-Mythos inhaltlich bleibt, bezieht sich ausschließlich auf den Mond und dessen Gleichberechtigung mit der Sonne (Willenskraft). Diese Gleichstellung vermittelt uns auch die griechische Mythologie. Mond und Sonne sind in ihr Geschwister. Sichtbar wird die Gleichgewichtigkeit im Phänomen der Sonnenfinsternis. Der Mond besitzt aus der irdischen Perspektive etwa den gleichen Durchmesser wie die Sonne und ist daher in der Lage, die Sonne vollkommen abzudecken. In der Sonnenfinsternis wird die Macht des Mondes gegenüber der Sonne deutlich.

Als Problem dieses Lichterpaares bleibt jedoch die patriarchale Überhöhung der männlichen Seite, der Sonne, in uns. Als Ego verwirklichen (Sonne) wir, was uns unsere Glaubensätze, Überzeugungen

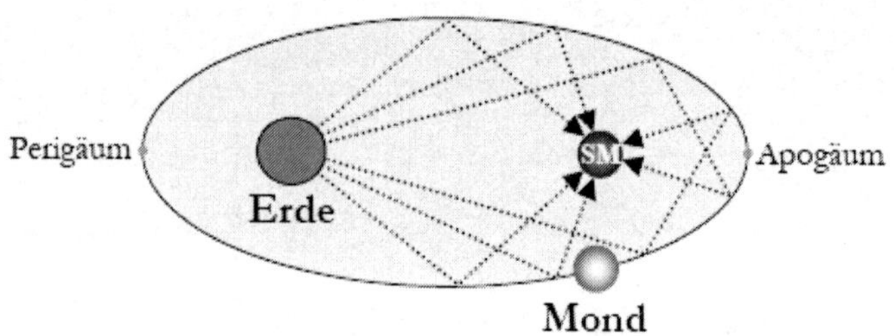

Abbildung 36: Schwarzer Mond (SM) als zweiter Brennpunkt der Mondbahn

(Jupiter-Saturn) und Vorstellungen (Pluto) nahelegen, und dabei bleibt der Mond allzu oft ungefragt. Das Ego glaubt an Leistung und Konkurrenz (Saturn) als Weg zum Erfolg (Saturn), denn die Anbetung des Satans (Saturn) verspricht uns alle Reichtümer dieser Welt:

> Wiederum nimmt der Teufel ihn mit auf einen sehr hohen Berg und zeigt ihm alle Reiche der Welt und ihre Herrlichkeit und sprach zu ihm: Dies alles will ich dir geben, wenn du niederfallen und mich anbeten willst. Da spricht Jesus zu ihm: Geh hinweg, Satan! Denn es steht geschrieben: »Du sollst den Herrn, deinen Gott, anbeten und ihm allein dienen«. Dann verlässt ihn der Teufel, ... (Mat. 4,8)

Die Botschaft des Schwarzen Mondes

Um den Schwarzen Mond in seiner Botschaft zu verstehen, müssen wir die Anliegen des Mondes begreifen. Diesem geht es zum einen ums *Wahrnehmen* und *Erleben* dessen, was wir und unser Umfeld an körperlicher Lebendigkeit entfalten. Er empfängt das, was wir selbst an Aktivitäten leben bzw. was das »Gegenüber« an Aktivität und Reizen (männliche Energie, Sonne, Mars) aussendet. Auf diese Reize reagiert der Mond mit *Gefühlen.* Der Begriff der Laune leitet sich von dem lateinischen Wort *luna* (der Mond) ab.

Das Gefühlsspektrum des Mondes – seine Launen – umfasst die biologischen Bedürfnisse, wie beispielsweise Hunger, Durst, Wärme, Kälte, Nässe, Trockenheit, Geborgenheit, Ruhe, Nähe, menschliche Wärme und das Verlangen nach Erlebnissen (Erlebnishunger). Der Mond weckt über die Gefühle unsere Fürsorglichkeit unserem körperlichen Selbst gegenüber. In seiner *kardinalen Qualität* richtet sich sein Gefühlsleben immer und ausschließlich auf das *Hier und Jetzt*. Der Hunger der Vergangenheit bzw. der der Zukunft interessiert ihn nicht. Dies ist Sache des Plutos (Erinnerung) oder der Stier-Venus im Sinne der materiellen Vorsorge. Der Mond will uns zu einem Leben führen, das unserer körperlichen Natur gemäß und reich an Erfahrungen ist.

Unserem Erleben bietet sich nur noch selten der Blick in die grüne Natur, in den blauen Himmel oder auf das unschuldige Spiel des Lebens. Im Gegenteil, unser ganzes Erleben verengt sich derzeit zunehmend auf die wenigen Quadratzentimeter des Smartphon-, Computer- oder Fernsehbildschirmes. Auch die dort dargebotenen Computerspiele sind kein Ersatz für das echte Lebensspiel. Da dabei der Erlebnis-Hunger nur scheinbar gestillt wird, veranlasst er uns, immer mehr dieser Ersatzangebote zu konsumieren. Langsam, aber stetig führt er uns auf diesem Weg in die Sucht, die nichts anderes ist als die Suche nach dem natürlichen Leben.

Zum anderen jedoch besteht die weitaus größere Aufgabe für den Mond darin, den Willen der Sonne (Seele) zu empfangen und ihn in das irdische Leben zu *gebären*[50]. Das von der Sonne Gewollte muss immer durch die »Gebärmutter des Mondes«, um körperlich zum Ausdruck zu kommen. Diese unverzichtbare Rolle des Mondes zeigt uns in aller Deutlichkeit die Stundenastrologie. Bildet der Mond in einem Fragehoroskop keinen Hauptaspekt mehr, bevor er sein Zeichen verlässt – wir sprechen dabei vom Mond im Leerlauf – geschieht in der fraglichen Angelegenheit nichts mehr.

Ist der Wille unserer Sonne dauerhaft von Härte (Sonne-Saturn), Zwang (Sonne-Pluto) und Rücksichtslosigkeit (u. a. Sonne-Mars) bestimmt, dann erleidet der Mond bei jeder »Geburt« dieser harten Aufträge schreckliche Schmerzen. Sollte er mit seinem Gefühl dagegen protestieren, dann erklärt der Mann in uns mit seinem Verstand

[50] Siehe auch: Der Schöpfungsweg im Tierkreis

(Jupiter-Saturn) seiner inneren Frau, warum es sinnvoll ist, so zu leben und die grundlegendsten Bedürfnisse zu verleugnen. Es gilt in unserer Welt zu funktionieren, die Konkurrenz (Saturn) unter den nach Erfolg strebenden Menschen ist groß! Unser Ego verdrängt daraufhin diese Schmerzen und gewöhnt sich resigniert an sie, bis sie sich wieder als körperliche Symptome melden.

Auf Leistung konditioniert, strengen wir uns immer wieder an und üben uns über weite Strecken des Lebens im Lust- und Triebverzicht. Belohnung für die solcherart unserer Natur entfremdete Leistung erhoffen wir uns in der *Zukunft*. Letztendlich soll es dann das Paradies sein! Welchen absurden Irrtümern sich dabei das Ego hingibt, zeigen die Selbstmordkommandos im Rahmen des Terrorismus. Unter anderem soll für sie als Ausgleich für ihr mörderisches Opfer ihres Selbst ein direkter Zugang zum Paradies bestehen und der Rang, der sie im Paradies erwartet, soll der höchste sein, direkt nach dem des Propheten Mohammed. Saturn (Satan) lässt schön grüßen!

Jede elliptische Bahn – die Mondbahn besitzt annähernd eine solche Form – besitzt zwei Brennpunkte (siehe Abb. 36). Im ersten Brennpunkt befindet sich die Erde, im zweiten der Schwarze Mond. Elliptische Strukturen haben die grundlegende Eigenschaft, dass Energien, die von einem Brennpunkt ausstrahlen, sich im zweiten Brennpunkt sammeln. Das heißt, wir können symbolisch davon ausgehen, dass all die Energien unseres Mondes, die auf der Erde nicht gelebt werden, weil wir sie verdrängen, sich im zweiten Brennpunkt sammeln. Schwarz steht im psychischen Kontext oft in Verbindung mit dem »Schatten«, dem Verdrängten. Mit diesem Potential haben wir es beim Schwarzen Mond zu tun. Können wir uns unter den oben geschilderten Lebensbedingungen die im Schwarzen Mond unbewusst gespeicherte Frustration und Wut vorstellen?

Soll die Geburt aller Lebensaktivitäten schmerzlos und dazu noch lustvoll sein, dann muss sich die männlich aktive Sonne mit dem gebärenden, erlebenden und fühlenden Mond abstimmen. Beide sind im Geben und Nehmen aufeinander angewiesen und damit gleichberechtigt! Die SEELEN-Kraft der Sonne jedoch ist in ihrem Verhalten nicht frei, denn der GEIST ist ihr Auftraggeber und in diesem herrscht beim Ego zusammen mit Jupiter der urteilende Saturn.

Abbildung 37: John Collier, Lilith (1887)

In mancher Hinsicht können wir den Schwarzen Mond wie eine Konjunktion von Mond-Saturn deuten. Symbolisch findet sie ihren Ausdruck in John Colliers Gemälde: LILITH (Abb. 37). Es zeigt die Frau (Mond) in Bindung an die verführende Schlange (Saturn). Eine weitere Deutungsfacette eröffnet sich uns in diesem Zusammenhang. Das Weibliche, weil es nach Anerkennung dürstet, »verführt« uns Dinge zu tun, von denen es sich den Beifall und die Anerkennung der anderen verspricht, egal, wie es sich dabei fühlt. Es erlebt den Applaus als Wiedergutmachung für die erlebten Frustrationen und genießt ihn scheinbar.

Dort, wo der Schwarze Mond in unserem Horoskop steht, haben wir, weil unser Ego »Großes« leisten (Sonne-Saturn, Mars-Saturn) wollte, nicht mehr darauf geachtet, ob das, was wir taten, auch Spaß machte, wir dabei Lust am Leben empfanden und ob wir in allen Lebenssituationen unsere natürlichen körperlichen Bedürfnisse berücksichtigten. Dort haben wir in besonderem Maße gegen die Natur unseres Körpers gelebt, nicht mehr für unsere Bedürfnisse gesorgt und das Bedürfnis nach Lust (gute Laune) bei den »Geburten« unserer Taten verdrängt. Diese unsere verdrängte Fürsorge und Lust[51] lebt aber als Gefühl der Frustration und des Zorns in unserem Unbewussten weiter. In der Mythologie wird dieser Zustand als Leben der Lilith im reißenden Wasser geschildert. Die erduldete Frustration aber trachtet nach Entschädigungen, die weit über die natürlichen Bedürfnisse hinausgehen.

Die Reise als Seelenwanderung

Ich starb als Stein und entstand als Pflanze
Ich starb als Pflanze und entstand als Tier
Ich starb als Tier und ward geboren als Mensch
Weshalb sollte ich mich fürchten?
Was habe ich durch den Tod verloren?

– Rumi (1207–1273) –

Die wichtigste Aufgabe unserer Reise ist das Sammeln von Erfahrungen. Nur Erfahrungen sind in der Lage, die Grenzen unseres Bewusstseins zu ändern. Wir setzen uns dabei mit den *Antworten* auseinander, die wir zunächst in unserem Geist (Bewusstseinsfeld), als Reaktion auf das gegebene göttliche WORT (Inspiration, Uranus) hervorbringen. Die Inspiration zeigt sich im Geist als Gedanke (Jupiter), wird in der Seele zum Willen (Sonne) und letztendlich im Körper als Tat (Mars) gelebt und erlebt. Im astrologischen System ist es Saturn, der die Antwort im Geistigen formt. Gleichzeitig erschafft er dabei das Phänomen der *Zeit*, da Antworten nie für die Ewigkeit gegeben werden, sondern immer einen Beginn und ein Ende (Tod) im Fluss der Schöpfung haben. Jeder Moment ist vergänglich. Wäre er es nicht, würde die Schöpfung im Unvergänglichen erstarren.

---

[51] Es geht hierbei in erster Linie *nicht* um die *sexuelle Lust*. Diese ist nur betroffen, wenn der Schwarze Mond eine Verbindung zu Pluto aufweist.

So ist unser Leben eine Aneinanderreihung von Erfahrungen, die uns durch unseren Fall ins Urteil – als Ego – mal gute und mal schlechte (böse) Lebensphasen bescheren. Hartes Urteilen hat harte Erfahrungen zur Folge und mildes Urteilen beschert uns milde Erfahrungen. Um diese Zusammenhänge zu erfassen und in unserem Verhalten daraus Konsequenzen zu ziehen, brauchen wir Menschen Zeit. Wir entwickeln uns über viele Erfahrungen hinweg von harten Bewusstseinsgrenzen hin zu milderen Begrenzungen. Am Ende der Entwicklung steht die Überwindung jeglichen Urteils (Saturn-Uranus) und damit aller Grenzen. Dann sind wir wie ursprünglich bereit, den Fluss der Schöpfung so anzunehmen, wie er aus der Quelle (Logos → Neptun) fließt. Die Spaltung ist zu Ende und wir sind wieder mit dem, was ist, einverstanden. Unsere geistige Wahrnehmung (Neptun) und in der Folge unser *Verstand* (Jupiter) erfasst wieder die Einheit der Schöpfung.

Schauen wir auf unser momentanes Leben, so erkennen wir, dass der Fortschritt im Abbau des Urteilens begrenzt ist. Erst sehr viele aufeinanderfolgende Leben führen uns zur Überwindung des Urteilens. Aus dieser Perspektive erkennen wir den Sinn der Seelenwanderung, der Reinkarnation. Die Vorstellung unserer Kultur (christlich, abendländisch), – einer irdischen Minderheiten-Kultur – dass der Mensch nur einmal auf Erden lebt, ist schwer mit unserem physikalischen Weltbild zu vereinbaren. Es kennt lediglich auf und abklingende Schwingungsfolgen. Eine einmalige Halbschwingung (siehe Abb. 38) kommt in der materiellen Welt, beispielsweise in der Musik, nicht vor. Stets sind es Schwingungsfolgen, die zunehmen und wieder verebben. Da sich die Erscheinungen in der Welt stets gleichnishaft zueinander verhalten, ist es unwahrscheinlich, dass das Leben hier eine Ausnahme bildet.

Da das »große« Leben – die Gesamtheit der Inkarnationen – dem einzelnen »kleinen« Leben gleicht – denken wir an das hermetische Gesetz »wie im Großen, so im Kleinen« – bekommen wir aus der Analogie eine gute Vorstellung zur Reinkarnation (siehe Abb. 39). Zunächst gleicht ein Leben im *Diesseits* dem *Tag* und ein darauffolgendes Leben im *Jenseits* der *Nacht*. Der Tag ist die Zeit aktiven

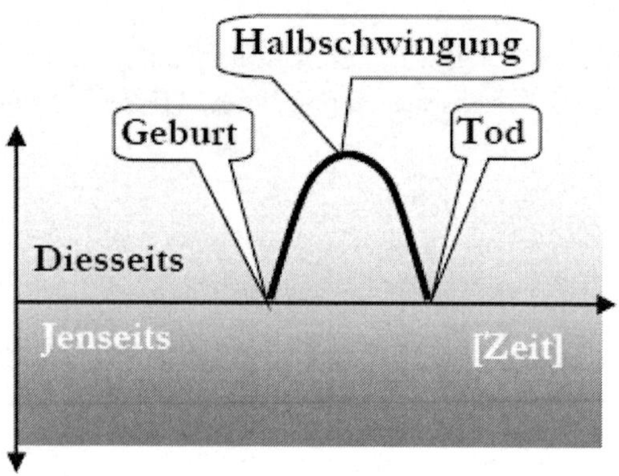

Abbildung 38: Das Leben als »Halbschwingung«

Lebens und Erlebens, die Nacht die der Ruhe, der Erholung vom Tag und der Verarbeitung des Erlebten in unseren Träumen. Gleichzeitig geben uns die Träume aber auch Hinweise auf unsere Entwicklung in der nahen Zukunft.

Ebenso können wir die Funktion des Diesseits und des Jenseits verstehen. Im Diesseits, also unserem Leben, wie wir es kennen, entfalten wir unsere Taten und sammeln damit die für uns wichtigen Erfahrungen. Der Tod, der am Ende dieses Lebens steht, ist gleichzeitig unsere Geburt im Jenseits. Dort gelangen wir zur Ruhe, verarbeiten die gemachten Erfahrungen und bereiten uns auf die Weiterentwicklung unseres Bewusstseins in einem weiteren Leben im Diesseits vor. Am Ende steht auch dort der »Tod«, der gleichzeitig unsere Geburt im Diesseits ist. Aus dieser Perspektive können wir erkennen, dass der Tod nur eine Illusion ist!

Die geistige (spirituelle) Entwicklung unseres Bewusstseins ist dabei der begleitende rote Faden. Sie teilt sich in zwei Phasen. Im Gleichnis zu unserem bekannten Leben entwickeln wir uns aus der *Kindrolle* über unsere *Jugend* zur Rolle des *Erwachsenen*[52]. In dieser

---

[52] Diese Erwachsenheit sollte nicht mit dem Entwicklungszustand verwechselt werden, der in der Psychologischen Astrologie die Vollendung einer Anlage als »*erwachsen*« im Gegensatz zur *gehemmten* und der *kompensierten* Form kennzeichnet.

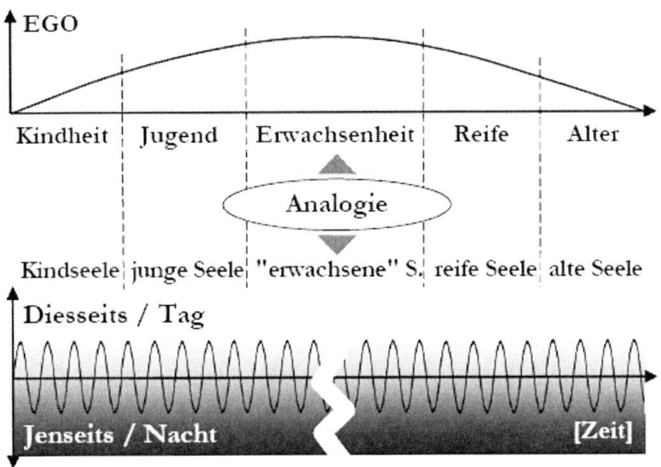

Abbildung 39: Reinkarnation, Lebensalter in Analogie zum Seelenalter

Phase entfaltet sich und stärkt sich unser URTEIL, das seinen Niederschlag in unserem Gewissen hat. Letzteres wird zur Basis unserer moralischen und ethischen Handlungsentscheidungen. Die Bewusstseinsgrenzen, die es in sich trägt, bestimmen unser Ego. Dem entsprechend erreicht unser Ego seinen Höhepunkt im Erwachsenenalter. Daran schließt sich die Phase der *Reife* und des *Alters* an, in der die Gewissheit unserer Urteile wieder abnimmt und uns deren Relativität bewusst wird. Damit einher geht ein stetiger, aber immer wieder begrenzter Abbau unseres Egos. Manches sehen wir im Alter entspannter als in unserer Jugend (siehe Abb. 39).

Betrachten wir nun das Einzelleben als Gleichnis für die Entwicklung im Rahmen unserer Inkarnationen, so beginnen wir als Kindseele in die Dunkelheit hinabzusteigen (Involution, siehe Abb. 40) und unsere ersten Erfahrungen mit der irdischen Welt zu machen. In diesen Inkarnationen sind wir noch ganz auf den Schutz und die Nähe unserer Familie angewiesen. Daran schließen sich Leben als *junge Seele* an. Zeitweise beginnen wir den engen Bezug zur Familie zu lockern, um uns in dieser neuen Unabhängigkeit zu erfahren.

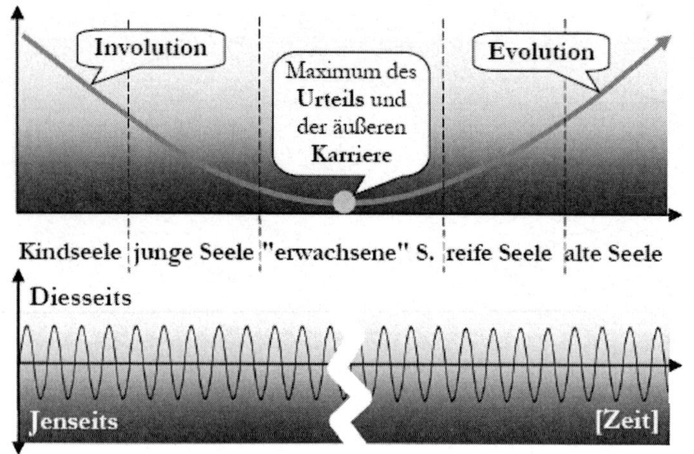

Abbildung 40: Reinkarnation, Involution und Evolution der Reise

In vielen Leben auf der Ebene der *Erwachsenheit* und damit in maximaler Dunkelheit ist unser Urteil und damit unser Ego auf dem Höhepunkt angelangt. An die Stelle der Familie tritt nun die Gesellschaft. Da wir uns (unser Selbst) als Autoritäten selbst streng beurteilen und vielem in und an uns die Anerkennung versagen, streben wir nach einem Maximum an Anerkennung in unserer Außenwelt, um den Mangel an eigener Anerkennung zu kompensieren. Wir streben nach Alpha-Rollen in der Gesellschaft, ob als Religionsführer, Wirtschaftsführer, Oligarchen, Präsidenten, Könige, Despoten, Film- und Musikstars, Wissenschaftler und vieles andere mehr. Als hochrangige »Elternrollenspieler« glauben wir zu wissen, was für den Rest der Welt – die Kinder – gut ist. Um die Verantwortung für das GUTE der Kinder wahrnehmen zu können, streben wir nach maximaler Macht. Auf dem Höhepunkt scheitern wir und stürzen ebenso ab wie schon viele historische Größen vor uns, die im Autoritären erstarrt sind.

Unter diesen Bedingungen reift unsere Seele heran. Unser notwendiges Scheitern in der Gesellschaft führt dazu, dass die Gesellschaft bei unserer Entwicklung immer mehr an Bedeutung verliert und wir zunehmend erkennen, wie wichtig die Entwicklung unseres Selbst und der Weg aus der Dunkelheit (Evolution) ist. Aus alter Gewohnheit kann aber das Ego unserer *reifen Seele* nicht ganz vom Elternrollenspiel lassen und wir beginnen unsere Autorität auf dem Gebiet des Selbst auszubauen. Wir werden zum Guru, Therapeuten und Coach für unsere Umwelt. Letztendlich scheitern wir auch damit, da wir das Urteilen unserer Kinder (Klienten) als Ursache ihres Elends nicht beseitigen können. Als *alte Seele* verstehen wir, dass der Kampf gegen das Verurteilte sinnlos ist. Wir erkennen, welches Leid das Urteil bewirkt und dass sich das Urteilen nur durch eigene Erfahrungen abbaut. Wir verlieren zunehmend den Hochmut unseres Egos und entwickeln unsere Hingabe an das, was ist, an das, was es noch zu erfahren gibt. Wir erkennen immer mehr, dass alles, was ist, sinnvoll ist und der Heilung unseres Bewusstseins dient. Wir erkennen in Demut, dass es unser Selbst ist, welches das heilende Schicksal gestaltet und schon immer gestaltet hat. Irgendwann kommt auf diesem Weg die Bereitschaft, auf alle Erwartungen und die aus ihnen erwachsenden Bedingungen zu verzichten und mit allem einverstanden zu sein. Dann haben wir das gefunden, was wir all die vielen Leben lang gesucht haben: die bedingungslose Liebe.

Den Ort der Liebe, an den wir gelangen, beschreibt der persische Sufi-Mystiker Rumi:

> Jenseits von richtig und falsch liegt ein Ort. Dort treffen wir uns.

Karma, der verborgene Reisebegleiter

> Der Ermordete ist nicht ohne Verantwortung an seiner Ermordung. Und der Beraubte nicht schuldlos an seiner Beraubung. Der Rechtschaffene ist nicht unschuldig an den Taten des Bösen.
>
> – Khalil Gibran (1883–1931) –

Karma (*sanskr.* Wirken) bezeichnet ganz einfach unser geistiges, seelisches oder körperliches Wirken und die aus diesem Wirken entstehenden *Konsequenzen* für unsere Reise. In der Regel wird Karma mit dem Gedanken der Reinkarnation verbunden. Es ist das Gesetz von Ursache und Wirkung, das über die Grenzen unseres einzelnen Lebens hinaus wirkt. Jeder Gedanke (Jupiter-Saturn) unseres Egos, alle unsere Verwirklichungswünsche (Sonne-Saturn) und alle unsere Taten (Mars-Saturn) haben ihre Wirkung im Gegenüber. Wer auch immer Opfer unseres Handelns ist, Karma sorgt dafür, dass wir auch diese Opferseite unserer Taten erleben werden. Dabei kann die Erfahrung als »Opfer« wunderschön oder aber qualvoll und traumatisch sein, je nach der Tat, die wir zuvor vollbrachten. Anders ausgedrückt, aus jeder Tat entsteht eine Frucht, die derjenige erntet, der sie gesät hat.

Über diesen Ausgleich wacht aus astrologischer Sicht der Planet Pluto. Als »Herrin der Seele« behält er alle seelischen Aufträge im Gedächtnis und sorgt unerbittlich dafür, dass alle Teile, die bewussten ebenso wie die unbewussten, sich in unserem Leben manifestieren: gelebt *und* erlebt werden. Da wir die unbewussten Teile auf unsere Umwelt projizieren, wird sie zum Opfer unseres Handelns. In einem späteren Schritt sorgt Pluto dafür, dass auch wir diese Opferseite erleben. Mithilfe der Waage-Venus (Aphrodite) lässt er uns unbewusst einem Täter begegnen, dessen Opfer diesmal wir sind. Er sorgt auf diese Weise für den karmischen Ausgleich. Das Gesetz der Resonanz stellt dabei sicher, dass die Opferdimension unserer Täterdimension entspricht.

Mit der Idee des Karmas verbindet sich keinesfalls der Gedanke der Belohnung oder der Strafe. Es gibt auch keine karmischen Prüfungen. Wer sollte uns denn prüfen? Doch nur jemand, der um unseren Zustand nicht weiß! Da die Schöpferebene unsere Entwicklung kennt, fällt sie als Prüferin aus, und es bleibt niemand mehr übrig, uns zu prüfen. Nur unser eigenes Ego prüft sich selbst, um herauszubekommen, wie »gut« es ist.

Die Urteilsgrenzen (Saturn) in unserem Bewusstsein werden zu Grenzen und Hindernissen in unserem Leben. Dafür sorgt Karma. Wo wir geboren werden, wen wir treffen, wie unser Leben verläuft, welche Freude und welches Leid wir erleben und wie wir letztendlich sterben, ist karmisch durchdrungen. Die Erfahrungen sind die Folge unseres früheren Handelns, das wiederum Folge unseres Bewusstseins ist. Durch freiwilliges Leid, bei dem ja unser Ego unserem Selbst Leid antut und es verletzt, können wir kein Karma abtragen. Ganz im Gegenteil schaffen wir uns noch zusätzliche »saure« Früchte (Karma), die wir später ernten werden. Denn behandeln wir unser Selbst schlecht, dann behandelt uns die ganze Welt – sie ist ja unser Spiegel – schlecht!

Wenn unser Bewusstsein in Not ist, wird es im Leben Not bewirken. Die Not entsteht aber nicht zum Selbstzweck oder zur Bestrafung, sondern einzig aus dem Grund, uns unsere Bewusstseinsnot bzw. geistige Not bewusst zu machen und sie damit zu wenden. Karma ist damit das *notwendige* (Not wendende) Wirken, das nicht mit dem Tod endet, sondern über Inkarnationen hinweg wirkt. Wir können hierin Gottes Gerechtigkeit sehen.

Das eingangs genannte Zitat von Khalil Gibran erscheint zunächst im Zusammenhang mit dem Mord und dem Raub hart, aber logisch. Verblüffend jedoch wirkt auf den ersten Blick die Aussage, dass der Rechtschaffene seinen Anteil am Bösen hat. Der Zusammenhang erschließt sich erst nach konsequentem Nachdenken. Der Rechtschaffende unterwirft sein Schaffen dem Recht einer Gruppe oder eines Kollektivs (Saturn). Sein Ego behindert damit die Entfaltung der Inspiration (Uranus) und ist damit unbewusst böse zu seinem Selbst. Diesem unbewussten »bösen Verhalten« begegnet er daraufhin auf Veranlassung der Aphrodite (Waage-Venus) in seiner Außenwelt. In diesem Zusammenhang ist es wichtig zu erkennen, dass alle Welt uns so behandelt, wie unser Ego – meist unbewusst – unser Selbst behandelt.

Ein weiteres Beispiel will diesen Zusammenhang verdeutlichen. Ein Mensch, der in seinem Horoskop eine Jupiter-Neptun-Konstellation hat, pflegt ein unendliches (Neptun) Verständnis (Jupiter) allen Menschen gegenüber. Ein einziger Mensch kommt jedoch in seinem Verständnis nicht vor. Das ist er selbst! Da er daher mit sich selbst verständnislos (Jupiter-Neptun) umgeht, erfährt er in der Begegnung immer wieder, dass die anderen ihn ebenso verständnislos behandeln. Die Situation wird sich erst dann ändern, wenn er sich voller Verständnis seinem Selbst zuwendet. Die gleiche Erfahrung können wir auch im Zusammenhang mit der Liebe machen. Lieben wir uns nicht, dann liebt uns niemand. Daher sprach Jesus nicht von der Nächstenliebe allein, sondern er sprach einen wichtigen ergänzenden Satz:

> ... du sollst deinen Nächsten lieben w i e d i c h [d e i n] s e l b s t (Mat. 19,19) [Einfügung und Hervorhebung v. Verfasser]

Drehen wir den Satz um, so wird seine Aussage noch deutlicher: »Wenn du dein SELBST nicht liebst, wirst du nicht geliebt und kannst auch deinen Nächsten nicht lieben!« Unser Ego kann das über ihm stehende Selbst meist nicht leiden, da es seine Existenz infrage stellt. Daher ist das, was wir Liebe nennen, in der Regel die Äußerung eines Besitzanspruchs, wie ihn ein Kind gegenüber seinem Spielzeug äußert. Diese Erkenntnis ist enttäuschend. Wir haben es aber in der Hand, uns diese Enttäuschung in Zukunft zu ersparen. Dazu müssen wir *demütig* gegenüber unserem göttlichen Selbst werden, das zwar das Dunkelheit schaffende Ego auf unserer Bewusstwerdungsreise als Notwendigkeit zulässt, aber dessen Entgleisungen immer wieder – dem Ego unbewusst – durch das von ihm selbst geschaffene Schicksal korrigiert.

Anhang

Das Lied vom Prinzen und der Perle[53]

Als ich noch ein sprachloses Kind war
und am Königshofe meines Vaters weilte,
und am Reichtum und am Glanze
meiner Familie mich erfreuen durfte,
da schickten mich die Eltern aus dem Osten,
reichlich mit Proviant versehen fort.
Und aus der Fülle ihrer Schatztruhen ließen
sie mir einen Schnappsack binden.
Der war zwar groß, aber doch leicht genug,
dass ich ihn ohne weiteres schleppen konnte:
Gold vom Hause der Hohen,
Silber aus der Truhe der Großen,
Chalkedonsteine aus den Flüssen Indiens,
Opale aus dem Lande Kusch.
Und sie gürteten mich mit Diamant,
man kann damit Eisen ritzen.
Sie streiften mir aber das Strahlenkleid ab,
das sie mir in ihrer Liebe schneidern ließen,
und ebenso meinen safranfarbenen Mantel,
der meiner Größe genau zugeschnitten war.

Dann besprachen sie mit mir eine Übereinkunft
und schrieben sie auf mein Herz, sie nicht zu vergessen:
»Wenn du nach Ägypten hinabgehst
und von dort die eine Perle zurückbringst,

---

53 Erich Weidinger (Hrsg.): Apokryphe Bibel, Augsburg 1991, Thomas-Akten: S. 385 ff.

die dort in dem Meere liegt,
das die schlingende Schlange bewacht,
darfst du dein Strahlenkleid wieder anziehen,
samt deinem Mantel, der darüber hängt.
Und mit deinem Bruder, unserem Zweiten,
sollst du Erbe werden in dem Reiche.»

So zog ich weg von Osten und ging hinab,
Zwei Wegführer waren mir Gefährten,
denn gefährlich war der Weg und schwer zu gehen
und ich noch zu klein, ihn allein zu durchwandern.
Ich überschritt die Grenzen von Mesene,
dort bei der Herberge der Kaufleute des Ostens,
so kam ich an im Lande Babel,
trat ein in die Mauern des Labyrinths.

Als ich dann nach Ägypten hinabging
verabschiedeten sich meine Weggefährten.
Ich aber ging schnurstracks zur Schlange
und setzte mich nahe bei ihrer Höhle nieder;
sah zu, bis sie müde würde einzuschlafen;
um ihr dann meine Perle zu entwenden.
Da ich aber allein war und seltsam aussah,
war ich den Männern meiner Unterkunft ein Fremder.
Aber einen, der frei und mir verwandt war,
sah ich dort, einen aus dem Osten.

Er war ein schöner und liebenswerter Knabe
ein Sohn (wie ich) aus gutem Hause.
Dieser sprach mich an und wurde mir zum Freunde.
Ich aber machte ihn mir zu meinem Vertrauten,
dem Gefährten, dem ich den Sinn der Reise eingestand.
Und ich warnte ihn vor den Ägyptern,
vor dem Umgang mit den Nichtgereinigten.
Ich selber aber kleidete mich in Landestracht,

um nicht fremd zu scheinen und verdächtigt zu werden,
ja doch nur die Perle rauben zu wollen;
oder gar die Schlange gegen mich zu reizen.
Nicht aber weiß ich, wie sie doch erfuhren,
dass ich nicht ihr Landsmann wäre.
Denn sie mischten mir nun trügerische List.
So aß ich dann von Ihrer Speise
und vergaß, das ich einst ein Prinz gewesen.

So ward ich ihres Königs Knecht.
Auch die Perle hatte ich vergessen,
worum meine Eltern mich geschickt hatten.
Und durch die Schwere ihrer Speise
sank ich hin in bleiernen Schlaf.
Alles aber, was sich mit mir ereignet hatte,
bemerkten meine Eltern mit Sorge.
Erlassen wurde eine Schrift in unserem Reiche,
Alle sollten zu den Toren des Palastes kommen;
Könige und Herrschaften des Partherreiches
und alle großen Männer aus dem Ostbereich.
Und man fasste zum Beschluss in meiner Sache,
dass ich nicht verloren bliebe in Ägypten.
Dann setzten sie einen Brief an mich auf
und siegelten ihn alle mit ihren Namen:

»Absender: Vater, der König der Könige,
und die Mutter, die Königin des Ostens,
und der Bruder, unser zweiter.
An unseren Sohn in Ägypten. Gruß!
Auf, werde nüchtern von dem Schlafe
und höre die Worte dieses Briefes.
Erinnere dich. Du bist ein Prinz.
Wem bist du da Knecht geworden!
Erinnere du dich deines Strahlenkleides.
Erinnere du dich jener Perle,

worum du nach Ägypten niederstiegst.
Erinnere du dich deines Schimmermantels,
und du wirst ihn überstreifen, schmücken.
Deinen Namen liest das Buch der Recken.
Samt deinem Bruder, unserm Stellvertreter,
wirst du Erbe sein in unserm Reich.»

Und mein Brief war vom König selber
mit dem rechten Daumen eingesiegelt
wider die Bösen, die Söhne Babylons,
die schlimmen Abergeister jenes Labyrinths.

Der Brief aber flog wie ein Adler,
wie der König der Vögel flog er,
und er stieg zu mir nieder.
Und er wurde ganz sprechendes Wort.
Bei seinem Anflug und Reden
schreckte ich auf, erhob mich vom Schlafe,
empfing ihn und küsste ihn,
erbrach ihn und las ihn.
Und wie es auf mein Herz geschrieben stand,
genauso waren die Worte meines Briefes.
Und ich erinnerte mich, dass ich ein Prinz sei.
Meine Freiheit drängte nach ihrer Art.
Ich erinnerte mich der Perle,
worum ich nach Ägypten gesandt gewesen war.

Da fing ich an, im Spruche zu verzaubern,
die grässliche und schlingende Schlange,
indem ich den Namen meines Vaters rief.
Wie den Namen unseres Zweiten
und den meiner Mutter, der Königin des Ostens,
zauberte ich sie in tiefen Schlaf.
Und so raubte ich die Perle.
Dann kehrte ich um zu meinen Eltern.

Ihr schmutziges Kleid legte ich ab.
Ich ließ es zurück in ihrem Lande.
Und ich stellte meine Füße auf den Weg.
Zum Licht der Heimat im Osten.
Auf dem Wege aber stieß ich auf den Brief,
den, der mich aufgeweckt hatte.
Und wie er mich weckte durch sein Wort,
so zeigte er jetzt den Weg durch sein Licht.
Denn er glänzte vor meinen Augen,
auf leuchtende Seide geschrieben.
Und durch sein Wort führte er mich.
So schritt ich aus und kam durch das Labyrinth.
Babel aber ließ ich zur Linken liegen
und erreichte wieder das große Mesene,
die Herberge der Kaufleute am Meere.

Und mein Kleid, das ich hatte ausziehen müssen,
wie meinen Mantel, in den ich gehüllt war,
schickten von den Bergen Hyrkaniens
meine Eltern herab durch die Hand
der Meister ihrer Kleiderschätze.
Ich gedachte aber nicht mehr seines Glanzes,
ließ ich ihn doch noch als Kind im Vaterhause.
Doch eben jetzt, da ich das Kleid sah,
war es wie mein Spiegel mir gleich:
Ich sah mich spiegelbildlich in ihm.
Und sah mich im Kleid mir gegenüber.
Wohl waren wir zwei getrennte Wesen,
und doch ein einziger in einer Gestalt.
Und auch die Meister der Kleiderschätze,
die es mir gebracht, sah ich ebenso:
Zwiegestaltig – in einer Gestalt.
Denn ein Zeichen des Königs war beiden aufgeschrieben.

Den Glanz und Reichtum hielten sie in den Händen

und überreichten mir die Gabe, das schimmernde Kleid,
in heiteren Farben und kunstvoll gewirkt.
Mit Gold, Steinen und Perlen in farbiger Pracht,
alles über dem Kleide oben aufgesteckt.
Und das Bild des König der Könige
war um das ganze Kleid herum aufgemalt
und wie Steine vom Saphir
auf diesem passend aufgesetzt.
Dann sah ich um das ganze Kleid
die Feuer der Gnosis aufflackern,
und wie es sich anschickte zu sprechen.
Die Weise seines Liedes hörte ich,
während es herankam und raunte:
»Ich bin des tapferen Recken Geschenk,
für ihn bei dem Vater selbst gewirkt.
An mir selber habe ich es verspürt,
wie ich wuchs im Maße seiner Arbeit.«

Und mit seinen königlichen Bewegungen
entfaltete es sich ganz auf mich hin.
Es eilte an der Hand seiner Träger,
auf dass ich es annähme.
Und auch mich trieb das Verlangen,
ihm entgegenzulaufen, um es zu empfangen.
Da streckte ich mich hin und empfing.
Geschmückt mit der Schönheit der Farben,
zog ich auch meinen safranfarbenen Mantel
ganz und überall um mich hin.
So bekleidet stieg ich hinauf
zum Tor der Begrüßung und Verbeugung,
und neigte meine Stirn zum Gruße
vor des Vaters Glanz, der mir solches sandte.
Ich hatte die befohlene Arbeit vollbracht.
Er hatte getan, was er versprochen.
Und in den Toren des Palastes

gesellte ich mich zu seinen Grossen.
Er aber freute sich und empfing mich.
und ich war mit ihm in seinem Hause.
Und mit rauschendem Klang
gaben ihm seine Knechte die Ehre.

Bildnachweis

Abb. 1: Tierkreiszeichen Fische, Ausschnitt; Johfra Astrologie, Verlag Marco Aldinger, Freiburg, 1984

Abb. 6: Die Anbetung des Moloch; Charles Foster 1897

Abb. 8: Theseus tötet den Minotaurus; Foto Erwin Purucker, www.panoptikum.net/bildergalerie/bilder/theseus-minotaurus-P1010510_10

Abb. 9: Mithras; aus: Speculum Romanae Magnificentiae, Spezialsammlung Forschungszentrum, Bibliothek der Universität von Chicago

Abb. 11: Tarotkarte X, Rider Tarot von Arthur Edward Waite, AGM AG Müller, Neuhausen/Schweiz

Abb. 13: Johannes Scheffler (1624-1677), Gedenktafel an der Matthiaskirche in Breslau

Abb. 15: Kastration des Uranos, nach Polidoro da Caravaggio (1492–1543)

Abb. 19: Emblem »Was kein Auge gesehen und kein Ohr gehört hat«, Otto van Veen (1556–1629)

Abb. 20: Anbetung der Könige, Rogier van der Weyden (um 1455); Mitteltafel des Columba-Altares, heute: Alte Pinakothek München

Abb. 24: Tarotkarte XX, Rider Tarot von Arthur Edward Waite, AGM AG Müller, Neuhausen/ Schweiz

Abb. 25: Das Weltenei, Jacob Bryant's Orphic Egg (1774), https://upload.wikimedia.org/wikipedia/commons/3/3c/Orphic-egg.png

Abb. 26: Mithras in der Erscheinungsform des orphischen Phanes, Museum Estense in Modena, Italien

Abb. 35: Adam und Eva im Irdischen Paradies, Peter Wenzel *(1831) http://www.zeno*.org/nid/20004364686

Abb. 37: Lilith, John Colliers (1892)

Literatur

Bibel, Elberfelder, Wuppertal und Zürich, 4. Auflage 1993

Bibel, Revidierte Elberfelder (Rev. 26) 1985/1991/2008 SCM R. Brockhaus im SCM-Verlag GmbH & Co. KG, Witten

Böhme, Jakob: *Werke*, herausgegeben und erläutert von Gerhard Wehr, Aurum Verlag, Freiburg i. Breisgau 1980

Brandler-Pracht, Karl: *Astrologische Kollektion*, Bd. 1–6, Linser Verlag, Berlin-Pankow 1925/1930/1931/1933

Brandler-Pracht, Karl: Die astrologische Synthese, Falken-Verlag Erich Sicker, Berlin

Cambell, Joseph: *Die Kraft der Mythen*, Artemis Verlag, Zürich und München 1994

Ceming, Katharina, Werlitz, Jürgen: *Die verbotenen Evangelien*, Marixverlag, Wiesbaden 2013

Dychtwald, Ken: *Körper Bewusstsein*, Synthesis Verlag, Essen 1981

Emoto, Masaru: *Die Antwort des Wassers*, KOHA-Verlag, Burgrain 2001

Ende, Michael: *Die unendliche Geschichte*, K. Thienemanns Verlag, Stuttgart 1979

Goethe, J. W. v.: *Faust*, Wilhelm Goldmann Verlag, München 1978

Grimm, Gebr.: *Kinder- und Hausmärchen gesammelt durch die Brüder Grimm*, Lizenzausgabe mit freundlicher Genehmigung des Insel Verlages für Zweitausendeins, Frankfurt 1991/1922

Hasselmann, Varda; Schmolke, Frank: *Welten der Seele*, Wilhelm Goldmann Verlag, München 1993

Hainz, Josef (Hrsg.): *Münchner Neues Testament*, Patmos Verlag, Düsseldorf 1988

Icke, David: *Der Löwe erwacht*, Mosquito Verlag, Immenstadt 2011

Jerusalem, Johannes von: *Das Buch der Prophezeiungen*, Wilhelm Heyne Verlag, München 1995

Jung, Lorenz (Hrsg.): *Carl Gustav Jung*, Taschenbuchausgabe in 11 Bänden. Dtv, München 1991

Kahir, M.: *Mystik und Magie der Sprache*, VMA-Verlag, Wiesbaden 1996

Koch, Dieter: *Der Stern von Bethlehem*, Astronova, Tübingen

Krishnamurti, Jiddu: *Einbruch in die Freiheit*, Ullstein Verlag, Frankfurt/M., Berlin, Wien 1984

Lexikon der östlichen Weisheitslehren, Otto Wilhelm Barth Verlag/Scherz Verlag, Bern, München, Wien 1994

Meyer, Hermann: *Astrologie und Psychologie*, Heinrich Hugendubel Verlag, München 1981

Meyer, Hermann: *Gesetze des Schicksals*, Sphinx Medien Verlag, Basel 1987

Pfabigan, Alfred: *Die andere Bibel*, Eichhorn Verlag, Frankfurt am Main 1991

Platon: *Sämtliche Werke*, Rowohlt Taschenbuch Verlag, Hamburg 1985

Prónay, Alexander von: *Mithras und die geheimen Kulte der Römer*, Aurum Verlag, Freiburg im Breisgau 1989

Ranke-Graves, Robert von: *Griechische Mythologie*, Rowohlt Taschenbuch Verlag, Reinbek bei Hamburg 1990

Schütz, Wilfried: *Das Menschenspiel*, Chiron Verlag, Tübingen 2011

Schütz, Wilfried: *Ganzheitliche Astromedizin*, Chiron Verlag, Tübingen 2006

Schütze, Alfred: Mithras, Verlag Urachhaus, Stuttgart 1972

Sheldrake, Rupert: *Das Gedächtnis der Natur*, Scherz Verlag 1992

Stiehle, Reinhardt (Hrsg.): *Rätsel Chiron*, Chiron Verlag, Tübingen 2009

Ulansey, David: *Die Ursprünge des Mithraskults*, Konrad Theiss Verlag, Stuttgart 1998

Walsh, Neal Donald: *Gespräche mit Gott*, Wilhelm Goldmann Verlag, München 1998

Weidinger, Erich (Hrsg.): *Apokryphe Bibel*, Pattloch Verlag 1991

WILFRIED SCHÜTZ

Das Menschenspiel

Astrologie als Schlüssel zu Religion und Spiritualität
270 Seiten, Paperback,
ISBN 978-3-925100-94-9

Der Weg »rückwärts« durch den Tierkreis offenbart die unverfälschte und wirkliche Bedeutung der Zeichen. Das Geheimnis des Tierkreises besteht darin, dass er auf diese Weise unser menschliches Handeln als Teil göttlicher Schöpfung sichtbar macht. Er zeigt aber auch, warum wir uns dessen nicht mehr bewusst sind und daher immer wieder an der scheinbaren Sinnlosigkeit unseres Seins verzweifeln. Jedoch, auch der Schlüssel zur Überwindung dieser menschlichen Bewusstseinsnot ist im Tierkreis zu finden.

Die Quellen, die uns bei der Wiederbewusstwerdung helfen wollen, sind die Mythologien der heiligen Bücher, die Märchen und die Symbolsprache der Astrologie. Gemeinsam offenbaren sie uns die Hintergründe unserer Existenz. Wenden wir die Astrologie zudem auf die reiche Symbolik religiöser Glaubenssysteme an, so bietet sich uns eine verblüffende Erkenntnis: Astrologie kann als Universalsprache aller Religionen gesehen werden.

WILFRIED SCHÜTZ

Ganzheitliche Astromedizin

Eine astrologische Gesundheitslehre
208 Seiten, Hardcover,
ISBN 978-3-89997-143-9

Die ganzheitliche astrologische Betrachtung geht zunächst davon aus, dass das, was geschieht, bei den vorliegenden Lebenszusammenhängen zutiefst sinnvoll ist, um das gefährdete Gleichgewicht aller Lebensenergien sicherzustellen. Sie lernen den kosmischen Aufbau des Körpers und die astrologische Symbolik der Organe kennen. Weiterhin erfahren Sie die Erkrankungszusammenhänge aus der Sicht des Horoskops. Um die Energien aber zukünftig nicht mehr in die Symptome, sondern in die Lebendigkeit fließen zu lassen, kommen wir nicht umhin, einen Weg der Entwicklung zu beschreiten. Wohin diese für den Einzelnen führen könnte, erfahren Sie anhand ausführlicher Darstellungen von Gesundungsprogrammen. Ein Buch mit einer Fülle an Informationen.

»Wer sich sowohl als astrologischer als auch medizinischer Sicht mit Fragen der Astro-Medizin ernsthaft und verantwortlich auseinandersetzen möchte, sollte das Buch nicht nur lesen, sondern sich darin vertiefen.«

- Astrologie Heute Nr. 128 -

LIANELLA LIVALDI-LAUN

Den eigenen Lebensplan bewusst gestalten

Das Horoskop als Entwurf der Seele

127 Seiten, Paperback,

ISBN 978-3-89997-196-5-3

Das Geburtshoroskop ist nichts anderes als die symbolische Darstellung des Charakters, der Persönlichkeit und der möglichen Erfahrungen bezüglich dieser aktuellen Existenz. In ihm ist das angelegt, was im Leben verwirklicht werden soll. Deswegen gibt es für jede einzelne Reinkarnation ein spezielles Horoskop, das die neue Individualität erfasst.
Unsere problematischen Erfahrungen sind dabei nicht weniger wichtig als die positiven und aufbauenden. Wir sind aufgefordert, das Horoskop bewusst zu leben, denn die konkreten Erfahrungen sind nicht vorherbestimmt. Aber das Leben hat nur einen Sinn, wenn der Betreffende den im Horoskop angelegten Plan umsetzt.

»Um die gesamten Potenziale eines Horoskops zu erkennen, ist ein spirituelle Schau unabdingbar. Mit dieser Sicht auf das Geburtshoroskop wird s leichter, Sinn und Plan eines Lebens in einer besonderen Tiefe zu erkennen.«

- Astrologie Heute Nr. 152 -